总　策　划　　许　琳

总　监　制　　马箭飞　　戚德祥

监　　　制　　孙文正　　张彤辉　　王锦红　　王　飙

主　　　编　　刘　珣

编　　　者　　张　凯　　刘社会　　陈　曦　　左珊丹

　　　　　　　施家炜　　刘　珣

出　版　人　　戚德祥

项目组长　　王　飙

中文编辑　　王亚莉

英语编辑　　侯晓娟

英语审订　　余心乐

美术设计　　张　静　　申真真

国家汉办/孔子学院总部
Hanban/Confucius Institute Headquarters

新实用汉语课本

New Practical Chinese Reader

主　编　刘　珣
编　者　张　凯　　刘社会　　陈　曦
　　　　左珊丹　　施家炜　　刘　珣

For Beginners

教师用书
Instructor's Manual

北京语言大学出版社
BEIJING LANGUAGE AND CULTURE
UNIVERSITY PRESS

图书在版编目（CIP）数据

新实用汉语课本教师用书：英语版/刘珣主编；张凯等编.
一北京：北京语言大学出版社，2009.9
ISBN 978-7-5619-2430-3
Ⅰ.新… Ⅱ.①刘… ②张… Ⅲ.汉语－对外汉语教学
一教学参考资料
Ⅳ.H195.4

中国版本图书馆CIP数据核字（2009）第166420号

书　　　名：**新实用汉语课本：英语版.教师用书**
中文编辑：王亚莉
英语编辑：侯晓娟
美术设计：张　静　申真真
责任印制：汪学发

出版发行：**北京语言大学出版社**
社　　　址：北京市海淀区学院路15号　　邮政编码：100083
网　　　址：www.blcup.com
电　　　话：国内发行部 8610-82303650/3591/3651
　　　　　　海外发行部 8610-82300309/3080/3365
　　　　　　编辑部 8610-82303647
　　　　　　读者服务部 8610-82303653/3908
　　　　　　网上订购电话 8610-82303668
　　　　　　客户服务信箱 service@blcup.net
印　　　刷：北京画中画印刷有限公司
经　　　销：全国新华书店

版　　　次：2009年9月第1版　　2009年9月第1次印刷
开　　　本：889毫米×1194毫米　　1/16　印张：9.75　　插表1
字　　　数：171千字
书　　　号：ISBN 978-7-5619-2430-3/ H.09153
　　　　　　03000

CONTENTS 目录

致教师

感谢您选择《新实用汉语课本》（英语版）作为基础阶段的汉语教材。在使用本书以前，我们想先介绍一下教材编写的思路和特点，以便您了解教材的全貌。

《新实用汉语课本》（英语版）共十四课（其中第六课和第十四课为复习课），供每周五学时的汉语初学者12周使用。第一课至第六课按两周教三课计，四周学完；第七课至第十四课每周一课，八周学完。

一、有关语音阶段的教学任务和注意事项的建议（一～六课）

从语言结构教学角度来考虑，第一课到第六课可以看做是全书的语音阶段，从第七课起进入语法阶段。为什么一开始要有一个语音阶段呢？我们知道，任何一个第二语言学习者在开始学习的时候，都希望能掌握一口比较纯正的语音，都愿意与使用这种语言的人进行口头交际。而汉语语音有很多特点，对初学者来说，从一开始就打下牢固的、正确的语音基础又显得非常重要。即使对有家庭语言背景的、非真正零起点的学习者来说，纠正可能已形成的不正确的发音习惯，也需要下很大的工夫。因此，我们认为，无论是对哪种情况的初学者，都需要一个相对集中的阶段，通过较严格的训练学好语音。有了好的语音基础，不仅可以增强学习的兴趣和动力，而且可以使学习者永远受益。

第一课至第六课的主要教学任务是：

1. 按现代汉语语音系统，循序渐进并突出重点地学好汉语的声母、韵母、四声及变调，熟悉汉语拼音方案，掌握词语的拼读规则，为今后的汉语学习打下较坚实的语音基础；

2. 语音教学与课文的会话教学紧密结合，使学习者掌握在其初学阶段所急需表达和理解的功能项目（包括日常基本生活会话和课堂用语），并在学习的第一个月就有成就感。

在这六课中需要注意的是：

1. 语音阶段主要是让学习者通过汉语拼音来掌握汉语的语音以及最基本的日常会话，课文中表现为将拼音突出（拼音放在汉字的上一行）。这样做的目的是加快语音和口语的教学。

2. 语音教学采取循序渐进、稳扎稳打的方法。每课都确定一些集中练习的重点音素；每课的语音练习、会话练习，都以已出现过的音素为限，不提前出现本课未学的新音素。当然，在十分必要的情况下，任课教师在教学中因补充少量生词而突破本课所学的音素，还是可以的。

3. 课文会话中出现了很多句型和语法点，目的是让学习者在学习说话的同时也先初步接触一下这些句型和语法点的最简式，积累一定的语言材料并获得感性认识。但本阶段除初步地介绍几种大的句式（形容词谓语句、是字句、动词谓语句以及两种提问方法）外，对句型和语法不作系统地讲授和操练，只要求学习者通过译文弄懂句子的意思，会用就行。本阶段教学重点是掌握语音和声调，能较为准确地说出课文中的句子，而正式句型练习和语法点的介绍是从第七课才开始的。这六课中出现的各种句型和语法点以后将一一出现。

4. 出于同样的考虑，本阶段语音练习中也以拼音形式出现了很多词语，并有英文译义。这些词语都是作为巩固语音用的练习材料，也为今后正式学习这些生词打下基础，而并不要求学习者马上就全部掌握。学习者可从自己的兴趣和需要出发，自由习得。

5. 这六课只是比较集中地学习语音，但并不能解决全部的语音问题。语音教学还将延续到语法阶段，如词重音、词组重音、句调等内容将在此后每课的综合练习中进行练习。

二、有关语法阶段的教学任务和注意事项的建议（七～十四课）

从第七课开始正式进入系统的语法阶段。本册余下的八课中，学习者能接触到汉语的部分基础语法的内容。

本阶段的教学任务是：

1. 学习者能正确、熟练地掌握每课重点练习的汉语基本句型和词语的用法；

2. 学习者能就每课课文的话题及重点练习的功能项目在实际生活中与说汉语者进行初步的听说读写的交际，并在每课所涉及的话题范围内，掌握用汉语进行交际所必需的文化知识，特别是习俗文化知识；

3. 继续对学习者在语音上严格要求，巩固并提高其汉语语音能力，对语音的进一步练习主要通过综合练习题进行。

在语法阶段需要注意的是：

1. 关于重点句型和重点词语的教学

长期的教学实践使很多语言教师形成这样的共识：掌握语言结构是培养成人第二语言交际能力的基础。本书也同意这种看法。根据对语言认知的研究，成人在学习一种第二语言的过程中必然要运用其思维能力，自觉或不自觉地通过总结组词、组句的规律来达到掌握语言的目的，而不可能一味地盲目模仿或死记硬背。过分强调自然地、无序地接触语言现象，对课文中出现的词汇和句型不加控制，未必是成人掌握语言的捷径。因此本书在强调会话交际的同时，十分重视打好语言结构的坚实基础。

本书每课所介绍的重点句型主要体现在"语法"部分；重点词语的用法主要体现在"注释"部分。这些重点句型和词语都在"练习与运用"中反复操练。并非课文中出现的每个新句型和词语都要在该课中加以练习，有的是属于提前出现的，有的是先接触以后再归纳总结，对这类句型或词语，学习者在该课只要通过注释和翻译了解其意思就行，在以后的某一课将进行重点练习（本教师用书中每课将有说明）。

"练习与运用"中所列的核心句，概括了该课的重点句型和重点词语，熟练掌握这些句子对学习者大有好处。

重视语言结构的教学并不意味着要求教师大讲语法知识。本书的"语法"、"注释"部分只是极其简要地总结组词组句的规则,尽量避免用语法术语系统地讲授语法知识。我们也希望老师们在课上进行了大量练习以后,能画龙点睛地总结一下语法规则。至于本教师用书中的"教师参考语法知识",只是供教师参考用,而不是要向学习者讲解的。

2. 关于生词教学

每课生词应要求学生掌握。补充生词是练习中出现的生词,一般与该课的话题或功能有关。

在生词教学中应强调两点:一是要加强对组成生词的语素——即每个汉字的形和义的认、记,有利于学习者了解汉语词语的结构规律,收到举一反三的效果;二是加强扩展短语的练习,有利于学习者掌握词的用法,也便于学习者提高组句的能力。

附带说明一下:书中生词标"V O"的,是短语,拼音分开,如"打电话 dǎ diànhuà"、"打球 dǎ qiú";注"VO"的是离合词,常作为一个词使用,但可以在中间插入其他成分,如"吃饭"→"吃早饭"、"吃了饭";"上课"→"上汉语课"、"上两小时课"。

3. 关于功能与话题的教学

词语和句型教学的目的,是为了使学习者能理解和表达一定的功能,能就课文中提出的话题进行交际,否则就失去其意义。因此必须把词语和句型的教学引向功能和话题的教学。"练习与运用"部分,从机械性掌握词语、句型替换开始,进而围绕一定的功能项目进行会话练习,最后则进行接近于真实语言情境的交际性练习。尽管这种会话练习和交际性练习仍然要受到学习者现阶段所掌握的词语、句型或者说整体语言水平的限制,仍是有控制的,但希望教师能重视这部分的教学,鼓励学习者勇于交际,培养其运用汉语的习惯。

4. 关于语音教学

语音阶段过去以后,对语音的要求不能放松,否则会前功尽弃。特别是在教生词或读课文时,仍要严格纠正语音语调;在进行会话练习或交际性练习时也要用适当的方式指出学习者语音语调方面的问题。作为语音阶段语音教学的延伸，本阶段除了巩固语音、声调外，还要进行有关词重音、词组重音及句子语调方面的训练。对此，教师用书中有语音知识的介绍，在综合练习题中有专门的练习，希望教师能进行一定的指导。

三、本教师用书的主要内容

1. 教学目的：列出每课教学的重点。

2. 教学步骤建议：语音阶段和语法阶段各提出一种教学步骤的参考方案。

3. 内容说明：从课本内容安排的角度，对本课所教的语音、语法、词汇及功能话题、课文情境作必要的说明，特别注明按编者的设计哪些是本课需要重点处理的，哪些是留待以后再练的。

4. 本课语音知识：包括课本（前六课）所作的语音说明和给老师们参考的与本课有关的语音知识以及后八课语音教学的说明。

5. 本课语法知识（后八课）：包括课本中的语法与注释和专门给老师们参考的与本课有关的语法知识。

6. 本课供教师们参考的文化知识。

7. 综合练习中部分语音练习的参考答案及听力练习的录音文本。

8. 单元测试：本书提供两套单元测试（第一至六课为一单元，第七至十四课为一单元），每套均包括笔试试卷、笔试部分参考答案和口试试卷三份材料。

最后，我们再强调一下：为了适应不同的教学情况和不同学习者的需要，本教材提供了比较丰富的教学内容，供教师和学习者选用。其中每课的课文与生词、练习与运用这两个部分，是应该首先选用的核心内容。

编　者

一　教学目的

① 语音

六个声母（b　p　m　n　l　h）——难音为 b, p;

六个单韵母（ɑ　o　e　i　u　ü）——难音为 ü;

六个复韵母（ɑo　en　ie　in　ing　uo）——注意 ie 中 e 的发音;

四个声调以及两个三声在一起时的变调。

② 在练好语音和声调的基础上，能准确地读出并流利地运用课文中的会话，尤其是核心功能句式。初步学会运用最简单的"打招呼"及"问候"两个功能项目。

二　教学步骤建议（以下五课基本相同）

教无定法，不同的教师有不同的教学方法。本教材中，课文、生词、注释、练习、语音、语法、综合练习等部分出现的先后顺序，并不一定就是教师在课堂教学中处理这些内容的固定顺序。同样，下面介绍的教学步骤，也只是一种建议，不是唯一的（不同的课文和语法句型，还应采取不同的教学步骤），只是供老师们参考。

1. 播放课文对话录音，让学生了解到本课将学习用汉语打招呼、问候，以引起学习动机。也可以先让学生模仿一下，说明要准确地发音、让中国人听懂必须从音素、声调练起。

2. 进行第二部分语音练习，共六项。书中的练习内容是紧密结合本课生词和基本汉字编写的。"拼音"部分要练习本课新音素的拼读，并且，新音素与已学音素的拼读都用第一声进行，以免声调干扰新音素的学习，同时第一声是基本声调，读准了能起到定调的作用；"四声"部分主要练习本课生词和词语的音和调；"辨音"、"辨调"是练习分辨音和调的。

3. 练习本课生词和课文会话。可采用范读、领读、学生轮读等教学方法，最后达到不看书进行对话，并进行第三部分的会话练习。

4. 对本课的语音、语法规律（书中第四、第五部分）作一简略小结，适当回答学生的问题，但不必大讲语音、语法知识。尤其是语法方面，决不要超过书上"语法、注释"介绍的范围，像形容词谓语句和用"吗"的是非问句第二课才正式介绍，省略问句"你呢"以及"也"的位置等将在第七课讲。所有这些，本课先不要讲，学生通过西译弄懂意思、会说就行。

三 内容说明

1. 本课出现的语音、声调对学生来说都是比较生疏的，不能要求学生在第一次接触时就能把一切都弄清楚，有些语音、语法、文化知识以后会陆续提到，重要的是要引起学生学习汉语语音的兴趣。另一方面，语音、声调的练习是本册前六课的重点，要保证足够的教学时间，用领读、齐读、轮读等方式，让学习者在课堂上多开口、多练习，并进行较严格的纠音。

2. 本书的整个场景是在中国北京，书中的人物不必多花时间介绍。

3. 课堂用语中出现了轻声：Nǐmen hǎo。 这里先不必讲解（下一课讲轻声），但在领读时要读出轻声来。

四 本课语音知识

1 声母和韵母

现代汉语普通话的音节一般是由声母和韵母两部分组成的。声母是音节开头的辅音，其余部分是韵母。如"píng"，p 是声母，ing 是韵母。一个音节可以没有声母，如"yě"，但不能没有韵母。普通话共有21个声母，38个韵母。

（1）**声母**

b ［p］ 双唇不送气清塞音，不送气，是清音。

p〔p'〕双唇送气清塞音，送气，也是清音。

m〔m〕双唇浊鼻音。

（b、p、m发音部位相同，都是双唇音。发b时，紧闭双唇，让口腔气流爆发而出，声带不振动。p与b的发音方法相同，所不同的是，p要用力吐出气流。送气与不送气有区别意义的作用。发 m时，紧闭双唇，让气流从鼻腔通过，声带同时振动。）

n〔n〕舌尖中浊鼻音。

（发音时，舌尖抵住上齿龈，让气流从鼻腔通过，声带同时振动。）

l〔l〕舌尖浊边音。

（发音时，舌尖位置比发n稍后，气流从舌头的两边通过。）

h〔x〕舌根清擦音。

（发音时，舌根接近软腭，气流从狭缝中摩擦而出，声带不振动。）

（2）韵母

单韵母：

a〔A〕舌位低，开口度大，不圆唇的前元音。

（发音时，把嘴张到最大，气流自然呼出，声带振动。）

o〔o〕舌位半高，圆唇后元音。

（发音时，嘴唇成圆形，气流自然呼出，声带振动。）

e〔ɤ〕舌位半高，偏中央，开口度中等，不圆唇后元音。

（发音时，先发〔o〕音，然后嘴唇后缩，不再圆唇，同时声带振动，就是e音。）

i〔i〕舌位高，开口度最小，不圆唇前元音。

（发音时，嘴唇微开，舌前部抬到最高，气流从舌尖通过，声带振动。）

u〔u〕舌位高，圆唇后元音。

（发音时，圆唇，舌前部抬到最高并后缩，气流自然呼出，声带振动。）

ü［y］ 舌位高，圆唇前元音。

（ü 是跟i相对应的圆唇元音。发音时，先发出［i］音，然后逐渐把嘴唇撮圆，舌位不要移动，让气流自然通过，就发出［y］音。）

普通话舌面单元音韵母舌位唇形图

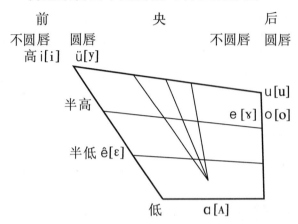

复韵母：

ao［ɑu］ 前响复韵母。

（发音时，舌位自然地由ɑ向o方向移动，前面的ɑ要发得长而响亮，后面的o要念得轻而模糊。）

注意：学习者容易将复韵母看做两个单元音，如将ao看做ɑ和o两个单韵母。出现这样的问题时，应提醒学习者复韵母的发音特点，要将动程读出来。

ie［iɛ］ 后响复韵母。

（ie中的'e'是单韵母ê，读作［ɛ］，不要读成［ɤ］。发音时，i要念得很短，紧接着发ê，ê比i要念得长而且响亮。）

uo［uo］ 后响复韵母。

（发音时，先发［u］音，然后开口度变大，使［u］音过渡到o，u要发得短而轻，o要发得长而响。）

注意：学习者容易将 uo 发成 o（单元音）。出现这样的问题时，应提醒学习者复韵母的发音特点，要将动程读出来。

en［ən］ 舌尖鼻韵母。

（发音时，先发元音［ə］，然后用舌尖堵住气流，让气流从鼻腔通过。）

in［in］舌尖鼻韵母。

（发音时，先发i，舌尖抵住上齿龈，让气流从鼻腔通过。）

ing［iŋ］舌根鼻韵母。

（ing 的发音方法同 in，只是发音时舌根抵住软腭，让气流从鼻腔通过。）

2 声调

汉语是声调语言。声调有区别意义的作用。普通话有四个基本声调。如：

bā   bá   bǎ   bà

声调符号：第一声标"‒"，第二声标"ʹ"，第三声标"ˇ"，第四声标"ˋ"。

五度标记法：

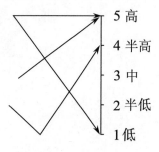

当一个音节只有一个元音时，声调符号就标在元音字母上，如 lù, hěn。调号标在元音 i 上时，应将 i 上的点儿去掉，如 nǐ, nín, píng。当一个音节是复韵母时，调号一般应标在开口度最大的元音上，如 hǎo。

元音开口度由大到小依次为：**a o e i u ü**

3 三声变调

两个第三声连在一起、中间没有停顿时，前一个读第二声，拼写时调号仍标"ˇ"。如：

nǐ hǎo   →   ní hǎo

hěn hǎo   →   hén hǎo

注意：三个及三个以上三声连在一起时，前面都读二声，只留最后一个读三声，但这并非唯一的读法。如果前面某个三声后稍有停顿，则该三声仍保留原来的声调，如：Wǒ hěn hǎo，可以读成 Wó hén hǎo，也可以读成 Wǒ hén hǎo。

新 实用汉语课本 入门级

4 拼写规则

i 自成音节时，在 i 前面加 y，如 yī。i 开头的复韵母自成音节时，如 ie，应将 i 改成 y，如 yě。

u 自成音节时，在 u 前面加 w，如 wǔ。u 开头的复韵母自成音节时，如 uo，应将 u 改成 w，如 wǒ。

ü 自成音节时，在 ü 前面加 y，去掉 ü 上的两点，如 yǔ。

五 综合练习题中部分语音练习的参考答案及听力练习的录音文本

CD 1
4
1~4

1 听录音，圈出正确的语音。

Circle the right sound according to what you hear on the CD.

1. p ⓑ l h
2. m n h ⓛ
3. b n ⓟ m
4. a ao ⓞ uo
5. e ⓔⓝ ie in
6. i ie in ⓘⓝⓖ
7. bo po ⓗⓤⓞ luo
8. la le ⓛⓘ lü
9. pa ⓟⓤ pao po
10. ⓝⓘⓔ ni nin ning

2 听录音，圈出正确的声调。

Circle the right tone according to what you hear on the CD.

1. ā ⓐ́ ǎ à
2. ī í ⓘ̌ ì
3. ⓔ̄ⓝ én ěn èn
4. uō uó ⓤⓞ̌ uò
5. hū hú hǔ ⓗⓤ̀
6. bāo ⓑⓐ́ⓞ bǎo bào
7. ⓟⓘ̄ⓝ pín pǐn pìn
8. nī ní ⓝⓘ̌ nì
9. mō mó mǒ ⓜⓞ̀
10. lū ⓛⓤ́ lǔ lù

3 听录音，为下列音节标出正确的声调。

Mark the right tones on the following syllables according to what you hear on the CD.

1. ma （mǎ）
2. li （lì）

6

③ huo （huǒ）　　⑦ hen hao （hěn hǎo）

④ nin （nín）　　⑧ Lu Yuping （Lù Yǔpíng）

⑤ ye （yě）　　⑨ ni ne （nǐ ne）

⑥ Lin Na （Lín Nà）　　⑩ pa laohu （pà lǎohǔ）

4 听对话并完成练习。

Listen to the following dialogues and do the exercises.

① Repeat the dialogues.

② Answer the questions.

What are they doing?

How is the man in the first dialogue doing?

Does Lin Na know Libo in the second dialogue?

How is Lao Li doing in the third dialogue?

录音文本

（A：女，B：男）

（1）A：你好吗？

B：我很好，你呢？

（2）林娜：力波，你好！

力波：你好，林娜。

（3）A：老李，你好吗？

B：我很好，你呢？

A：我也很好。

5 圈出第三声的变调。

Circle the third-tone sandhis.

（1）A. Ding Libo　　B. ni hao　　C. Lin Na

（2）A. Lu Yuping　　B. ni ne　　C. hen hao

第二课
Lesson 2　　**你 忙 吗**

一　教学目的

1　语音

　　五个声母（d t g k f）——d、t，g、k 两组送气与不送气相对的声母仍是重点；

　　七个复韵母（ei ou an ang eng iao iou（-iu））；

　　轻声。

2　在练好语音和声调的基础上，能准确地读出并流利地运用课文中的会话，尤其是核心功能句式，初步学会运用"问候别人"和询问与表达"需要"这两个功能项目。

二　教学步骤建议

　　基本同第一课。但要增加复习检查的环节，即检查前一天所学的语音（可采用认读或听写等方法），发现问题，加以纠正；复习前一课课文，进行问答与会话。然后再开始本课的教学。

三　内容说明

　　1. 本课中又出现两组送气音和不送气音 d、t 和 g、k，要联系上一课的 b、p 这一组，作为语音训练的重点，加强练习。这三组音本身发音并不困难，要让学习者利用发音不难的条件掌握好送气与不送气的区别。解决了这个问题，将有利于学习以后出现的另外三组发音较难的送气与不送气音。

2. 本课开始出现"双音节连读"，所列的词是用来练语音和声调的，也可以看做是本课的补充生词。根据需要与可能，可以用来进行句型替换或会话练习，但不要求学习者全部掌握。

3. 本课与上一课的主要句型是形容词谓语句，对此，本课语法部分作了简单的介绍，到第十课还要对形容词谓语句作进一步总结。本课第二段课文出现了动词谓语句，这里先不讲，到第六课再进行归纳。本课隐含的语法点还有人称代词作定语（你爸爸，你男朋友）以及副词"都"、"也"、"不"的位置等，本课也先不讲（到第七课再讲），让学习者通过译文掌握意思，并能运用就行。这样处理，是为了把主要精力用于语音教学。

4. 本课先掌握好"不"的本调（第四声）。"不"的变调将在第三课归纳。

5. 丁力波的父母即是《实用汉语课本》的两位主人公古波和丁云，现在加拿大定居，丁云的母亲——丁力波的外婆家仍在北京。本课的情景（如学生问起）可以设想为丁力波兄弟在北京外婆家。

四 本课语音知识

1 声母

t〔t'〕 舌尖中送气清塞音。

（发音时，舌尖抵住上齿龈，让一股较强的气流冲出，声带不振动。）

d〔t〕 舌尖中不送气清塞音。

（发音时，舌尖抵住上齿龈，气流冲开舌尖阻碍，爆发成声，声带不振动。）

f〔f〕 唇齿清擦音。

（发音时，上齿轻抵下唇，气流从唇齿间通过，声带不振动。）

k〔k'〕 舌根送气清塞音。

（发音时，舌根抵住软腭，气流冲破舌根阻碍爆发而出，用力送气，声带不振动。）

g〔k〕 舌根不送气清塞音。

（发音时，舌根抵住软腭，气流冲破舌根阻碍爆发而出，但不送气，声带也不振动。）

2 韵母

复韵母：

ei ［ei］ 前响复韵母。

（发音时，先发 e，然后向 i 的方向移动，e 要念得长而响亮，i 要念得短而轻，而且很模糊。）

ou ［ou］ 前响复韵母。

（发音方法与发 ao 相同。发 ou 时，o 要念得长而响，u 要念得短而轻，而且比较模糊。）

注意：学习者容易将 ou 发成 o 或者 u（单元音）。出现这样的问题时，应提醒学习者复韵母的发音特点。

an ［an］ 舌尖鼻韵母。

（发音时，先发 a，开口度很大，然后用舌尖堵住气流，让气流从鼻腔通过。）

ang ［aŋ］舌根鼻韵母。

（ang 是与 an 相对应的后鼻音。发音方法与发 an 相似。发 ang 时，用舌根堵住气流，让气流从鼻腔通过。）

eng ［əŋ］舌根鼻韵母。

（eng 是与 en 相对应的后鼻音。发音时，先发元音 ［ə］，然后用舌根堵住气流，让气流从鼻腔通过。）

iao ［iau］中响韵母。

（发音时，先发一个很短的 i，然后发 ao，中间的 a 要念得最响，两头的 i 和 o 都念得比较轻。）

iou ［iou］中响韵母。

（发音时，开头的 i 和结尾的 u 要念得比较轻，o 要念得比较响。）

3 轻声

汉语普通话里有轻声音节，轻声要读得又轻又短，拼写时，轻声没有调号，如：

吗 ma　　呢 ne　　们 men

4 拼写规则

复韵母 iou［iou］跟声母相拼时，简写为 -iu，如 liù。调号放在"u"的上面。

五 **综合练习题中部分语音练习的参考答案及听力练习的录音文本**

CD 1
1～4

1 听录音，圈出正确的语音。

Circle the right sound according to what you hear on the CD.

①	b	p	d	(t)	⑥	an	ang	en	(eng)
②	d	t	(g)	k	⑦	(tiao)	diao	biao	piao
③	p	(f)	h	l	⑧	duo	dou	(diu)	du
④	e	(ei)	ie	en	⑨	gao	gan	kao	(kan)
⑤	o	uo	(ou)	ao	⑩	fen	(fei)	feng	fang

2 听录音，圈出正确的声调。

Circle the right tone according to what you hear on the CD.

①	tān	tán	(tǎn)	tàn	⑥	kāng	káng	kǎng	(kàng)
②	dū	dú	dǔ	(dù)	⑦	liū	(liú)	liǔ	liù
③	yōu	(yóu)	yǒu	yòu	⑧	piāo	piáo	(piǎo)	piào
④	fēi	féi	(fěi)	fèi	⑨	bēi	béi	běi	(bèi)
⑤	(gēng)	géng	gěng	gèng	⑩	kān	kán	kǎn	(kàn)

3 听录音，为下列音节标出正确的声调。

Mark the right tones on the following syllables according to what you hear on the CD.

① ding （dīng）		⑥ pengyou （péngyou）
② kou （kǒu）		⑦ hen mang （hěn máng）
③ teng （téng）		⑧ gege （gēge）
④ bu （bù）		⑨ dou yao （dōu yào）
⑤ gang （gāng）		⑩ he kafei （hē kāfēi）

4 听对话并完成练习。

Listen to the following dialogue and do the exercises.

① Make a similar dialogue.

② Decide whether the statements are true (T) or false (F).

A. Lín Nà hěn máng.　　　（ F ）

B. Tā nán péngyou bù máng.　（ F ）

C. Yǔpíng hěn máng.　　　（ T ）

录音文本 ///

林娜：雨平，你好吗？

陆雨平：我很好，林娜，你呢？

林娜：我也很好，你爸爸、妈妈好吗？

陆雨平：他们都很好。你男朋友好吗？

林娜：他很好。他很忙。

陆雨平：你忙吗？

林娜：我不忙。你呢？

陆雨平：我很忙。

5 圈出轻声，注意在每一组里可能有不止一个轻声。

Circle the neutral tones. Note that in each group, the neutral tone may appear more than once.

(1) A. kafei　　B. baba　　C. pengyou　　D. dou hao

(2) A. mama　　B. hen hao　　C. Libo　　D. yao he

(3) A. ye yao　　B. bu mang　　C. ni ne　　D. tamen

(4) A. dou hao　　B. hao ma　　C. ye mang　　D. didi

(5) A. ni hao　　B. ye hao　　C. women　　D. Yuping

她是哪国人

一 教学目的

1 语音

四个声母（zh ch sh r）；

一个单韵母（-i [ʅ]）；

三个复韵母（ai uai ong）。

2 在练好语音和声调的基础上，能准确地读出并流利地运用课文中的会话，尤其是核心功能句式，初步学会运用"认指人"、"问国籍"这两个功能项目。

二 教学步骤建议

基本同第一、二课，略。

三 内容说明

1.本课出现的声母 zh、ch、sh、r 是一组难音，而 zh、ch 又是其中的一对送气音与不送气音。在练好这四个发音部位基本相同的一组音时，要特别注意 zh、ch 这一对发音方法不同的送气与不送气音。

2.本课开始有规律地练习声调组合。本课出现的是第一声、第二声分别与四个声调及轻声的组合（这两个组合第五课还要出现一次），该项练习中的第一个词一般是已学过的，后面的双音节词也是基本的、常用的，附上译文，由学生自由选择吸收。

新 实用汉语课本 入门级

3. 本课会话的重点句式是"是"字句，需要反复练习、熟练掌握。有关"是"字句的语法总结在下一课，老师在本课也可适当点一下。

在前两课巩固了单数第二人称"你"的用法以后，本课出现了"您"。应说明这是礼貌用语，学生对老师一般应称"您"。中国南方这个词用得较少。

4. 本课功能项目主要是"认指人"和"问国籍"，"介绍别人"实际是上述两个功能项目在不同场合的应用。三项都需要用"是"字句。

双音节连读中补充的两组词"职业"与"国名"可用来作适当替换。

5. 本课的情景可理解为力波与哥哥、外婆及一位朋友游颐和园，见到陈老师，力波向陈老师介绍家里人和朋友。

四　本课语音知识

1 声母

zh [tʂ]　舌尖后不送气清塞擦音，舌尖向后卷，不送气。

（发音时，舌尖翘起，抵住硬腭前部，气流冲开舌尖阻碍，摩擦而出，声带不振动。）

ch [tʂ']　舌尖后送气清塞擦音，舌尖向后卷，送气。

（ch 的发音跟 zh 相同，所不同的是气流冲开舌尖阻碍时，要用力送气。）

sh [ʂ]　舌尖后清擦音，舌尖向后卷。

（发音时，舌尖接近硬腭前端，形成缝隙。气流从舌尖与硬腭形成的缝隙间摩擦而出，声带不振动。）

r [ʐ]　舌尖后浊擦音，双唇展开，舌尖向后卷。

（r 的发音方法与 sh 相同，是和 sh 相对的浊音。它们的不同之处是，发 r 时，气流从舌尖与硬腭形成的缝隙间轻微地摩擦而出，声带要振动。）

2 韵母

单韵母：

-i〔ʅ〕 　舌尖后元音。用字母 i 来表示。它只跟声母 zh、ch、sh、r 相拼。不要把 zhi、chi、shi、ri 后边的 -i 读成 i〔i〕。

（发 -i〔ʅ〕时，先发声母 zh、ch、sh、r，舌位与嘴形不变，把尾音拉长，就是 -i〔ʅ〕的音。）

复韵母：

ai〔ai〕 　前响复韵母。

（发音时，〔a〕靠前，开口度由大变小，直到接近于发〔i〕，〔a〕要念得长而响，〔i〕要念得短而轻，而且比较模糊。）

uai〔uai〕 中响复韵母。

（发音时，先发 u，然后滑到 ai，开头的 u 和结尾的 i 要发得又短又轻，a 要发得又长又响。）

ong〔uŋ〕 舌根鼻韵母。

（发音时，先发元音 u，开口度比 u 稍大，舌位不下降，舌根抵向软腭，让气流从鼻腔通过，就会发出 ong。）

3 三声变调

　　第三声在第一、二、四声和绝大部分轻声字的前面时，要读成半三声，即只读三声下降的前半部分，而不再上升，其调号不变，如：

　　　　　nǐ gēge　　Měiguó　　hěn dà　　wǒ yào

　　　　　Nǐ máng ma?

4 "不"的变调

　　"不"的本调是第四声。但"不"在第四声之前，就变为第二声。如：

　　　　　bù hē　　　bù máng　　　bù hǎo

　　　　　bú shì　　　bú yào

五 综合练习题中部分语音练习的参考答案及听力练习的录音文本

CD 1
12
1~4

1 听录音，圈出正确的语音。

Circle the right sound according to what you hear on the CD.

1. zh (ch) sh r
2. zh ch (sh) r
3. g k sh (r)
4. ao (ai) an uai
5. ang eng (ong) an
6. iao iou (uai) ai
7. (zhai) chai shai chuai
8. zhuai chuai (shuai) zhai
9. zhong (chong) zhou chou
10. (reng) rang ri ren

2 听录音，圈出正确的声调。

Circle the right tone according to what you hear on the CD.

1. zhī zhí zhǐ (zhì)
2. chuāi chuái (chuǎi) chuài
3. shēng (shéng) shěng shèng
4. rāo ráo (rǎo) rào
5. (kāi) kái kǎi kài
6. tōng tóng tǒng (tòng)
7. zhān zhán (zhǎn) zhàn
8. chōng (chóng) chǒng chòng
9. shuāi shuái shuǎi (shuài)
10. rū (rú) rǔ rù

3 听录音，为下列音节标出正确的声调。

Mark the right tones on the following syllables according to what you hear on the CD.

1. sheng （shēng）
2. zhi （zhì）
3. che （chě）
4. ren （rén）
5. guai （guāi）
6. Zhongguo （Zhōngguó）
7. laoshi （lǎoshī）
8. yisheng （yīshēng）
9. chifan （chīfàn）
10. waiyu ke （wàiyǔ kè）

4 听对话并完成练习。

Listen to the following dialogue and do the exercises.

1 Make a similar dialogue.

2 Decide whether the statements are true (T) or false (F).

A. 陈老师是医生。　　　　（　F　）

B. 丁力波的哥哥是老师。　（　T　）

C. 陈老师是中国人。　　　（　T　）

录音文本

林娜：力波，那是谁？

丁力波：那是陈老师，她是外语老师。

林娜：她是哪国人？

丁力波：她是中国人。

林娜：那是谁？

丁力波：他是我哥哥。

林娜：他也是老师吗？

丁力波：他也是老师。

5 圈出三声的变调或"不"的变调。

Circle the third-tone sandhis or tone sandhis of "不".

(1) A. yisheng　　(B. wo shi)　　C. gege　　D. waiyu

(2) (A. ni mang)　　B. baba　　C. zhe shi　　D. pengyou

(3) A. waipo　　B. tamen　　(C. laoshi)　　D. Zhongguo

(4) A. bu mang　　B. bu hao　　(C. bu shi)　　D. bu he

(5) A. bu hao　　B. bu he　　C. bu dou　　(D. bu yao)

第四课
Lesson 4

认识你很高兴

一 教学目的

1 语音

三个声母（j q x）；

七个复韵母（ia ian iang uei（-ui） uen（-un） üe üan）。

2 在练好语音和声调的基础上，能准确地读出并流利地运用课文中的会话，尤其是核心功能句式，初步掌握课文会话内容并初步学会运用"请求允许"、"问姓名"、"自我介绍"等功能项目。

二 教学步骤建议

基本同第一、二课，略。

三 内容说明

1. 本课语音教学的重点是声母 j、q、x，这三个音素对很多国家的学生来说都是比较困难的。

2. 本课的声调组合是第三声、第四声分别与四个声调及轻声的组合。

3. 本课对"是"字句进行初步归纳。课文中同时出现的动词为"姓"、"叫"的动词谓语句，在语法、语义功能上与"是"字句相同，都是连接两个对等的部分。这个问题现在不必讲。

表达"请求允许"功能的"可以……吗"句式只要能用好课文中的句子就行，不必扩大替换范围（目前也不可能）。

"认识你很高兴"可作为习惯用语让学生掌握，无需分析其结构。

"问姓名"是本课重点功能项目，可多练习"您贵姓"、"你姓什么"等句式。

"自我介绍"也是一项非常重要的功能项目，应要求每个学习者都能像课文（二）那样简单地介绍自己。

4. "太太"、"小姐"等双音节连读的称呼词语可在"问姓名"的句式中适当替换，"英语"、"法语"等词语可在"我学习汉语"这一句式中适当替换。

四　本课语音知识

1　声母

j〔tɕ〕　　舌面不送气清塞擦音。

q〔tɕ'〕　　舌面送气清塞擦音。

x〔ɕ〕　　舌面清擦音。

　　j、q、x 是舌面前音。发 j、q 时，前舌面贴住硬腭，舌尖顶下齿后背，气流摩擦而出，声带不振动，所不同的是，j 是不送气音，q 是送气音。发 x 时，舌面前部与硬腭接近，气流从中摩擦而出。j、q、x 只能跟韵母 i 和 ü 或者以i或ü开头的复韵母相拼。

　　注意：应提醒学习者，汉语中的 j、q、x 是舌面音，发音时舌面前部与硬腭形成阻碍（舌叶音是舌叶与硬腭前部形成阻碍），同时嘴唇咧开，唇形类似呲牙（舌叶音则是嘴唇略微翘起）。

2　复韵母

ia〔iA〕　后响复韵母。

　　　　　（发音时，先发一个很短的 i，然后紧接着发一个舌位居中的低元音〔A〕，i 要念得短而轻，a 要念得长而响。）

ian〔iɛn〕舌尖鼻韵母。

　　　　　（发音时，开头的 i 和结尾的 n 舌位都比较高，产生协调作用，所以 a 的舌位也相应地提高了一些，一般用〔ɛ〕表示。如 yan，实际发音一般都念成〔iɛn〕。）

iang ［iaŋ］ 舌根鼻韵母。

（iang 的发音方法跟复韵母 ian 相似。只是 ian 是前鼻音，iang 是后鼻音。）

uei ［uei］ 中响复韵母。

（发音时，开头的 u 和结尾的 i 要念得短而轻，e 要念得清晰响亮。）

uen ［uən］ 舌尖鼻韵母。

（发 uen 时，先发 u，紧接着念 en，在［u-］和［-n］之间有一个轻微的过渡音［ə］，en 应念得长而响。）

üe ［yɛ］ 后响复韵母。

（发 üe 时，先发 ü 然后滑向单韵母 e，但 e 比 ü 更长更响亮。üe 中的 e，应读作［ɛ］，不能读作［ɤ］。）

üan ［yɛn］ 舌尖鼻韵母。

（发 üan 时，先发一个又短又轻的 ü，然后迅速过渡到 an。an 要念得又长又响亮。）

3　拼写规则

(1) 复韵母 uei［uei］跟声母相拼时，简写为 -ui，调号标在 i 上，如 guì。

(2) 复韵母 uen 跟声母相拼时，简写为 -un，如 lùn。

(3) ü 跟声母 j、q、x 相拼时，要去掉 ü 上面的两点，如 xué。（注：因为 j、q、x 从不跟 u 相拼，所以 j、q、x 后的 u 实际是省略了两点的 ü。）

ü 开头的复韵母自成音节时，都要在 ü 的前面加 y，然后去掉 ü 上面的两点。如：Yǔyán Xuéyuàn。

4　三声变调小结

(1) 第三声的字单独念或在词语的末尾时，读本调，如：

hǎo　　　　qǐng　　　　gěi

túshūguǎn

20

(2) 第三声＋第三声 → 第二声＋第三声，如：

nǐ + hǎo → ní + hǎo

wǒ + mǎi → wó + mǎi

(3) 第三声＋非三声 → 半三声＋非三声，如：

Qǐng hē kāfēi.

Nǐ máng ma?

Qǐng jìn!

Nǐ ne?

Hǎo ma?

(4) 三个三声字相连，在没有停顿的情况下，前两个三声读第二声，如：

zhǎnlǎnguǎn → zhánlánguǎn

Wǒ hěn hǎo. → Wó hén hǎo.

五 综合练习题中部分语音练习的参考答案及听力练习的录音文本

CD 1 · 16 1~4

1 听录音，圈出正确的语音。

Circle the right sound according to what you hear on the CD.

①	j	(q)	zh	ch	⑥	ü	(üe)	i	ie
②	q	sh	(x)	r	⑦	jia	qia	(jian)	qian
③	(j)	zh	x	q	⑧	que	xue	quan	(xuan)
④	ia	iao	(ian)	iang	⑨	zhui	(chui)	zhun	chun
⑤	uai	uei	(uen)	en	⑩	chao	xiao	(qiang)	jie

2 听录音，圈出正确的声调。

Circle the right tone according to what you hear on the CD.

①	jiā	(jiá)	jiǎ	jià	③	xiāng	xiáng	(xiǎng)	xiàng
②	(qiān)	qián	qiǎn	qiàn	④	juē	jué	juě	(juè)

21

⑤ xuān　xuán　(xuǎn)　xuàn　　⑧ (chūn)　chún　chǔn　chùn

⑥ qiē　(qié)　qiě　qiè　　⑨ zhōng　zhóng　zhǒng　(zhòng)

⑦ shuī　shuí　(shuǐ)　shuì　　⑩ rēn　(rén)　rěn　rèn

3 听录音，为下列音节标出正确的声调。

Mark the right tones on the following syllables according to what you hear on the CD.

① xiao　（xiǎo）　　⑥ guixing　（guìxìng）

② shei　（shéi）　　⑦ yuyan　（yǔyán）

③ jian　（jiàn）　　⑧ renshi　（rènshi）

④ qi　（qī）　　⑨ jiao Lin Na　（jiào Lín Nà）

⑤ xing　（xíng）　　⑩ xuexi Hanyu　（xuéxí Hànyǔ）

4 听对话并完成练习。

Listen to the following dialogue and do the exercises.

① Choose the right answer.

Under what circumstances does one use the expression "请进"？（C）

A.　The speaker is in the room.

B.　The speaker is outside the room.

C.　A polite way of inviting guests to enter a room.

② Decide whether the statements are true (T) or false (F):

A. 陆雨平是医生。　　（ F ）

B. 陆雨平是记者。　　（ T ）

C. 记者姓雨平。　　（ F ）

录音文本 ////

　　林娜：（敲门声）杨老师！

　　杨老师：请进。啊，林娜。这是谁？

　　林娜：杨老师，您好，这是我的朋友，他是记者。

杨老师：你好！你贵姓？

陆雨平：您好，杨老师。我姓陆，叫陆雨平。认识您很高兴。

杨老师：认识你，我也很高兴。

5 圈出第三声变调，注意在每一组里可能出现不止一次三声。

Circle the third-tone sandhis. Note that in each group, the third-tone sandhi may appear more than once.

(1)　A. ta hao　　(B. ni hao)　(C. wo hao)　D. dou hao

(2)　(A. qing jin)　B. nin qing　(C. qingwen)　D. jinlai

(3)　A. xuesheng　B. yisheng　C. jizhe　(D. laoshi)

(4)　A. xueyuan　(B. yuyan)　C. xuexi　(D. keyi)

(5)　A. Zhongguo　B. Yingguo　(C. Meiguo)　D. Jianada

餐厅在哪儿

一 教学目的

1 语音

三个声母（z c s）；

两个单韵母（-i［1］ er）；

五个复韵母（iong ua uan uang ün）。

2 在练好语音和声调的基础上，能准确地读出并流利地运用课文中的会话，尤其是核心功能句式。初步学会运用"找人"、"告别"、"问地点"、"道谢"这四个功能项目。

二 教学步骤建议

基本同第一、二课，略。

三 内容说明

1. 本课重点学习的声母 z、c、s 是一组难音，掌握韵母 er 和儿化韵也有一定的难度。

2. 本课的声调组合再次出现第一声及第二声分别与四个声调及轻声的组合练习。

3. 拼写规则主要在运用中逐步掌握，不必采用强记的方法。本课小结一下，目的是让学生在出现错误时可以随时查对。

4. 本课的重点句式是动词谓语句。汉语"主—动—宾"的句式，学生不难掌握。动词谓语句将在下一课总结，老师在讲本课时也可适当提一下。

课文中"他不在"省略了宾语"家"。"在"作为谓语动词，可以不带宾语，如："宋华在吗？"

"在二层 204 号"省略了主语"餐厅"。

"我来晚了"，这里的"了"是语气助词，先不作语法分析。

5. 本课功能项目很多，也都很重要，但并不难掌握。道谢、告别等应能熟练运用；"找人"与"问地点"用的都是同一句式"……在＋宾语"。

双音节连读和多音节连读中，一组是地点词语，可以在练习"问地点"时适当进行替换；另一组是国名，可用来复习"问国籍"这一功能项目。

6. 本课的情景可理解为马大为有事去找王小云，王小云不在宿舍，她和宋华一起在餐厅等马大为，而马大为找餐厅耽误了时间，来晚了。

四　本课语音知识

1　声母

z ［ts］　舌尖前不送气清塞擦音。

c ［ts'］　舌尖前送气清塞擦音。

s ［s］　舌尖前清擦音。

（声母 z、c、s 都是舌尖前音。z［ts］和 c［ts'］是清塞擦音。发 z、c 时，舌尖平伸，抵住上牙齿的背面，让气流从口腔中所留的空隙间摩擦而出，声带不振动。z 和 c 的不同之处：z 是不送气音，c 是送气音。发 s 时，舌尖平伸，接近上牙齿的背面，让气流摩擦而出，声带不振动。）

2　韵母

单韵母：

-i ［ɿ］　只跟声母 z、c、s 相拼，用字母 i 表示，但不能读成［i］。汉语普通话中，单韵母［i］不会出现在 z、c、s 的后面。

er ［ər］　卷舌央元音。er 只能自成音节，不能跟声母相拼，如"儿 ér"、"二 èr"。

（发音时，把舌尖向硬腭翘起，就形成了卷舌元音。）

复韵母：

iong〔yŋ〕　　舌根鼻韵母。

（发音时，先发 ü，然后舌根抬起，抵住软腭，气流从鼻腔通过，就会发出 iong。）

ua〔uA〕　　后响复韵母。

（发 ua 时，先发 u，然后滑向 a，a〔A〕的舌位与单韵母 a 基本相同。u 要发得又短又轻，a 要发得又长又响亮。）

uan〔uan〕　　舌尖鼻韵母。

（发音时，先发一个短而轻的 u，很快滑向 an，an 要念得长而响。）

uang〔uaŋ〕舌根鼻韵母。

（发音时，先发一个短而轻的 u，很快滑向 ang，ang 要念得长而响。）

ün〔yn〕　　舌尖鼻韵母。

（发 ün 时，先发 ü，然后把舌尖抬起，抵住上齿龈，同时下垂软腭，让气流从鼻腔通过。）

3　儿化韵

当"er"不自成音节，而和前面的音节融合在一起时，使得前一音节的韵母儿化，这就是儿化韵。书写时，在原音节后加 r，汉字后加"儿"，如"nǎr 哪儿"。

4　拼写规则小结

（1）i 和 y

以 i 开头的韵母，其后有别的元音而又自成音节时，应将 i 改为 y。

| ia → ya | ie → ye | ian → yan | iang → yang |
| iao → yao | iou → you | iong → yong | |

以 i 开头的韵母，其后没有别的元音而自成音节时，应在 i 前加 y。

| i → yi | in → yin | ing → ying |

(2) u 和 w

以 u 开头的韵母，其后有别的元音而自成音节时，应把 u 改为 w。

ua → wa　　　　　uan → wan

uo → wo　　　　　uen → wen

uai → wai　　　　uang → wang

uei → wei　　　　ueng → weng

u 自成音节时，应在 u 前加 w。

u → wu

(3) ü 和 y

ü 和以 ü 开头的韵母自成音节时，应在 ü 的前面加 y，同时要把 ü 上的两点去掉。

ü → yu　　　üe → yue　　　üan → yuan　　　ün → yun

ü 的前面是声母 n 和 l 时，ü 上的两点不能省略。如："nǚ 女"、"lǜ 绿"。

(4) iou、uei、uen 前面有声母时，应省略成 -iu、-ui、-un。如 "píjiǔ、guìxìng、tǎolùn"。

(5) **调号的标法**

调号标在主要元音上面，一般按 a、o、e、i、u、ü 的先后顺序来标。如：

Wáng xiānsheng hěn hǎo.

Wǒmen dōu hěn máng.

Nín shì Zhōngguó xuésheng ma?

iou 和 uei 与声母相拼时简写为 -iu 和 -ui，在这种情况下，两个韵母的调号都标在后面的元音上，如："liù（六）"、"guìxìng（贵姓）"。

(6) **隔音符号**

以 a、o、e 开头的音节连接在其他音节后面时，在 a、o、e 前用隔音符号 "'" 跟前面的音节隔开。如："Tiān'ānmén（天安门）"、"Xī'ōu（西欧）"。

五 综合练习题中部分语音练习的参考答案及听力练习的录音文本

CD 2
4
1～4

1 听录音，圈出正确的语音。

Circle the right sound according to what you hear on the CD.

1. z (c) zh ch   6. (ün) un ong iong
2. c ch (s) sh   7. (zi) ci zhi chi
3. zh sh s (z)   8. suan zuan (shuan) zhuan
4. e (er) en ei   9. (cai) chai sai shai
5. ua uan iang (uang)   10. jun jiong zhuan (zhuang)

2 听录音，圈出正确的声调。

Circle the right tone according to what you hear on the CD.

1. (sān) sán sǎn sàn   6. guā guá guǎ (guà)
2. cī (cí) cǐ cì   7. kuāng (kuáng) kuǎng kuàng
3. zuān zuán zuǎn (zuàn)   8. jūn jún (jǔn) jùn
4. ēr ér (ěr) èr   9. cēng (céng) cěng cèng
5. (xiōng) xióng xiǒng xiòng   10. zāi zái zǎi (zài)

3 听录音，为下列音节标出正确的声调。

Mark the right tones on the following syllables according to what you hear on the CD.

1. qing （qīng）   6. qing jin （qǐng jìn）
2. zi （zǐ）   7. zaijian （zàijiàn）
3. er （èr）   8. xiaojie （xiǎojiě）
4. si （sì）   9. canting （cāntīng）
5. zuo （zuò）   10. Wang Xiaoyun （Wáng Xiǎoyún）

4 听对话并完成练习。

Listen to the following dialogue and do the exercises.

1. Choose the right answer.

28

Where is Wang Xiaoyun's dorm?　　（ B ）

A. 在二层四〇二

B. 在二层二〇四

C. 在四层二〇四

2 Decide whether the statements are true (T) or false (F) :

A. 王小云在宿舍。　　　　　　（ F ）

B. 男士在二层二〇四。　　　　（ F ）

C. 男士在宿舍。　　　　　　　（ F ）

录音文本

（A：男，B：女）

A：请问，王小云的宿舍在哪儿？

B：在二层二〇四。

A：谢谢。王小云在宿舍吗？

B：她不在。

A：她在哪儿？

B：对不起，我不知道。

5 圈出儿化韵。

Circle the retroflex endings.

(1)　A. wan le　　B. guanxi　　C. nar　　D. si ceng

(2)　A. zhe shi　　B. zher　　C. zhidao　　D. zai ma

第六课
Lesson 6

我们去游泳，好吗

复习

一 教学目的

1 复习语音

本课没有出现新的声母韵母，而是对已学过的声母、韵母和声调进行综合性复习和小结。现代汉语共 21 个声母，10 个单韵母，28 个复韵母。

2 在练好语音和声调的基础上，能准确地读出并流利地运用课文中的会话，尤其是核心功能句式。初步学会运用"评论"、"建议"、"请求重复"、"婉拒"这四个功能项目。

二 教学步骤建议

基本同第一、二课，略。

三 内容说明

1. 本课归纳了动词谓语句。重点在于主语、动词、宾语的位置，特别是状语的位置。第七课以后还要进行专门的操练。

动词谓语句由"不"表示否定，但这只是否定句中的一种，还有很多是用"没（有）"来否定的，以后将要学到。

2. 本课出现了连动句"我们去游泳"（在第十一课讲）、动量补语"请再说一遍"，这些句子都只要求弄懂意思，不要进行语法分析、讲解。"什么时候去？""明天去。"是省略主语的句子，学习者应能把主语补上。

30

3. 本课出现了较多的功能项目。"建议"一项可结合本课多音节连读进行适当替换;"请求重复"、"婉拒"只要会说课文中的有关句子就行,"评论"一项也不可能大量替换。

四 本课语音知识

1 "一"的变调

"一"的本调是第一声。但"一"在第一声、第二声、第三声的前面,就变成第四声;在第四声前面变为第二声。

$$
\text{yī} +
\begin{cases}
\text{-} \\
\text{ˊ} \to \text{yì} + \\
\text{ˇ}
\end{cases}
\begin{cases}
\text{-} \quad \text{For example: yì bēi (a cup of)} \\
\text{ˊ} \quad \text{For example: yì píng (a bottle of)} \\
\text{ˇ} \quad \text{For example: yì zhǒng (a type of)}
\end{cases}
$$

yī + ` → yí + ` For example: yí biàn (one time)

2 声母小结(供教师参考)

(1)现代汉语有 21 个声母,按发音部位可以分为六组(见下表)。其中只有 r, m, n, l 是浊音,其他都是清音,发音时声带不振动。

(2)在这 21 个声母中,有六对相对应的送气音和不送气音。送气与不送气有区别意义的作用,发音时必须严格注意。

①b——p ②d——t ③g——k

④z——c ⑤zh——ch ⑥j——q

声母表

唇音	b [p]	p [p']	m [m]	f [f]
舌尖中音	d [t]	t [t']	n [n]	l [1]
舌尖前音	z [ts]	c [ts']	s [s]	
舌尖后音	zh [tʂ]	ch [tʂ']	sh [ʂ]	r [ʐ]
舌面音	j [tɕ]	q [tɕ']	x [ɕ]	
舌根音	g [k]	k [k']	h [x]	

3 韵母小结（供教师参考）

（1）现代汉语中有 38 个韵母，按韵母开头的元音发音口形可以分为四组（见下表）。

（2）字母 i 代表三种不同的发音：i〔i〕，如 yī；-i〔ɿ〕，如 zhī；-i〔ʅ〕，如 sī。

（3）字母 e 代表三种不同的发音：e〔ɤ〕，如 è；e〔ε〕，如 yě；e〔e〕，如 mèi。

（4）ueng，只能自成音节，代表的汉字很少，我们尚未学到。

韵 母 表

韵母	开口呼	齐齿呼	合口呼	撮口呼
单韵母		i 〔i〕	u 〔u〕	ü 〔y〕
	a 〔A〕	ia 〔iA〕	ua 〔uA〕	
	o 〔o〕		uo 〔uo〕	
	e 〔ɤ〕	ie 〔iε〕		ü 〔yε〕
	-i 〔ɿ〕			
	-i 〔ʅ〕			
	er 〔ər〕			
复韵母	ai 〔ai〕		uai 〔uai〕	
	ei 〔ei〕		uei 〔uei〕	
	ao 〔au〕	iao 〔iau〕		
	ou 〔ou〕	iou 〔iou〕		
鼻韵母	an 〔an〕	ian 〔iεn〕	uan 〔uan〕	üan 〔yεn〕
	en 〔ən〕	in 〔in〕	uen 〔un〕	ün 〔yn〕
	ang 〔aŋ〕	iang 〔iaŋ〕	uang 〔uaŋ〕	
	eng 〔əŋ〕	ing 〔iŋ〕	ong 〔uŋ〕	iong 〔yŋ〕

4 普通话声韵母拼合总表

汉语普通话里有意义的音节共有四百多个，如果加上四声，可构成一千二百多个音节。一至六课我们学过的音节都列在下页的表里。

普通话声母韵母拼合总表
Table of combinations of initials and finals in common speech

韵母／声母	a	o	e	-i [ɿ]	-i [ʅ]	er	ai	ei	ao	ou	an	en	ang	eng	ong	i	ia	iao	ie	iu	ian	in	iang	ing	iong	u	ua	uo	uai	ui	uan	un	uang	ueng	ü	üe	üan	ün
	a	o	e			er	ai	ei	ao	ou	an	en	ang	eng		yi	ya	yao	ye	you	yan	yin	yang	ying	yong	wu	wa	wo	wai	wei	wan	wen	wang	weng	yu	yue	yuan	yun
b	ba	bo					bai	bei	bao		ban	ben	bang	beng		bi		biao	bie		bian	bin		bing		bu												
p	pa	po					pai	pei	pao	pou	pan	pen	pang	peng		pi		piao	pie		pian	pin		ping		pu												
m	ma	mo	me				mai	mei	mao	mou	man	men	mang	meng		mi		miao	mie	miu	mian	min		ming		mu												
f	fa	fo						fei		fou	fan	fen	fang	feng												fu												
d	da		de				dai	dei	dao	dou	dan	den	dang	deng	dong	di		diao	die	diu	dian			ding		du		duo		dui	duan	dun						
t	ta		te				tai		tao	tou	tan		tang	teng	tong	ti		tiao	tie		tian			ting		tu		tuo		tui	tuan	tun						
n	na		ne				nai	nei	nao	nou	nan	nen	nang	neng	nong	ni		niao	nie	niu	nian	nin	niang	ning		nu		nuo			nuan				nü	nüe		
l	la		le				lai	lei	lao	lou	lan		lang	leng	long	li	lia	liao	lie	liu	lian	lin	liang	ling		lu		luo			luan	lun			lü	lüe		
z	za		ze	zi			zai	zei	zao	zou	zan	zen	zang	zeng	zong											zu		zuo		zui	zuan	zun						
c	ca		ce	ci			cai		cao	cou	can	cen	cang	ceng	cong											cu		cuo		cui	cuan	cun						
s	sa		se	si			sai		sao	sou	san	sen	sang	seng	song											su		suo		sui	suan	sun						
zh	zha		zhe		zhi		zhai	zhei	zhao	zhou	zhan	zhen	zhang	zheng	zhong											zhu	zhua	zhuo	zhuai	zhui	zhuan	zhun	zhuang					
ch	cha		che		chi		chai		chao	chou	chan	chen	chang	cheng	chong											chu	chua	chuo	chuai	chui	chuan	chun	chuang					
sh	sha		she		shi		shai	shei	shao	shou	shan	shen	shang	sheng												shu	shua	shuo	shuai	shui	shuan	shun	shuang					
r			re		ri				rao	rou	ran	ren	rang	reng	rong											ru	rua	ruo		rui	ruan	run						
j																ji	jia	jiao	jie	jiu	jian	jin	jiang	jing	jiong										ju	jue	juan	jun
q																qi	qia	qiao	qie	qiu	qian	qin	qiang	qing	qiong										qu	que	quan	qun
x																xi	xia	xiao	xie	xiu	xian	xin	xiang	xing	xiong										xu	xue	xuan	xun
g	ga		ge				gai	gei	gao	gou	gan	gen	gang	geng	gong											gu	gua	guo	guai	gui	guan	gun	guang					
k	ka		ke				kai	kei	kao	kou	kan	ken	kang	keng	kong											ku	kua	kuo	kuai	kui	kuan	kun	kuang					
h	ha		he				hai	hei	hao	hou	han	hen	hang	heng	hong											hu	hua	huo	huai	hui	huan	hun	huang					

五 综合练习题中部分语音练习的参考答案及听力练习的录音文本

CD 2
8
1~3

1 听录音，圈出正确的语音。

Circle the right sound according to what you hear on the CD.

1   b   p   d   (t)   g   k

2   z   c   (zh)   ch   j   q

3   f   h   (s)   sh   x   r

4   c   x   j   z   s   (q)

5   an   (ian)   ao   iao   ai   uai

6   ün   uen   in   āng   (ong)   iong

7   pei   (bei)   kei   dei

8   zao   sao   jiao   (xiao)

9   shen   zhen   (sheng)   zheng

10   bo   duo   (po)   tuo

11   xiong   qing   xiang   (jing)

12   gou   (duo)   kou   tuo

2 听录音，圈出正确的声调。

Circle the right tone according to what you hear on the CD.

1   cūn   cún   cǔn   (cùn)   6   qīng   qíng   (qǐng)   qìng

2   (sī)   sí   sǐ   sì   7   pāo   páo   (pǎo)   pào

3   jiū   jiú   (jiǔ)   jiù   8   xiōng   (xióng)   xiǒng   xiòng

4   gōng   góng   gǒng   (gòng)   9   (dōu)   dóu   dǒu   dòu

5   yū   (yú)   yǔ   yù   10   zuō   zuó   zuǒ   (zuò)

3 听录音，为下列音节标出正确的声调。

Mark the right tones on the following syllables according to what you hear on the CD.

1   dui   （duì）   2   jiu   （jiū）

③ xi （xí）　　　　⑦ shijian （shíjiān）

④ lao （lǎo）　　　　⑧ tai mang （tài máng）

⑤ peng （pèng）　　⑨ you yisi （yǒu yìsi）

⑥ xianzai （xiànzài）　⑩ mingtian qu （míngtiān qù）

4 听对话并完成练习。

Listen to the following dialogue and do the exercises.

① Choose the right answers.

现在他们去游泳吗？（ B ）　　　明天天气好吗？（ B ）

A. 他们现在去。　　　　　　　A. 明天天气不好。

B. 他们明天去。　　　　　　　B. 明天天气很好。

C. 他们今天去。　　　　　　　C. 今天天气很好。

② Decide whether the statements are true (T) or false (F).

A. 马大为明天去游泳。　（ T ）

B. 宋华现在不忙。　　　（ F ）

C. 马大为明天很忙。　　（ F ）

D. 他们明天去游泳。　　（ T ）

录音文本

马大为：宋华，我去游泳，你去吗？

宋华：你什么时候去？

马大为：我现在去。

宋华：很抱歉，我现在很忙，恐怕不行。

马大为：我们明天去，好吗？

宋华：可以，我们明天去。

马大为：明天天气怎么样？

宋华：明天天气很好。

马大为：太好了。再见。

宋华：再见，大为。

5 圈出"一"的变调，注意在每一组里"一"的变调可能不止出现一次。

Circle the tone sandhis of "一". Note that in each group, the tone sandhi of "一" may appear more than once.

(1) A. yi   B. yi biàn   C. yi tiān   D. wéiyi

(2) A. yi, èr   B. yi běn   C. dì yi   D. yizhí

1~6课语音阶段单元测试（笔试）

Unit Test for Lesson 1 to 6: the Section of Phonetics (Written Exam)

班级（Class）：_____

姓名（Name）：_____

成绩（Score）：_____

测试 1～4

一 语音部分（82%）
Phonetics

1 请把你听到的声母填到横线上。

Please fill in the blanks with appropriate initials.

（共 43 处，每处 0.5 分，共计 21.5 分）

_____ à	_____ ū	_____ è
_____ ī	_____ iǎng	_____ ú
_____ ēi	_____ uō	_____ ǎo
_____ āng	_____ uài	_____ ǐ
_____ ǎo	_____ ěn	_____ àn
_____ iù	_____ āo	_____ uò
_____ ì	_____ éng	_____ īn
_____ iú	_____ ōng	_____ ùn

_____ án _____ uá   _____ ǒu _____ óu _____ án

_____ ì _____ iàng _____ àn   _____ ǎo _____ ián _____ én

_____ ìn _____ íng _____ ǎi _____ é   _____ í _____ ōng _____ ēng _____ ì

2 请把你听到的韵母填到横线上。

Please fill in the blanks with appropriate finals.

（共 47 处，每处 0.5 分，共计 23.5 分）

t _____	z _____	f _____
d _____	b _____	k _____
j _____	n _____	s _____
c _____	p _____	ch _____

sh _____   r _____   m _____

l _____   f _____   _____

m _____   x _____   s _____

p _____   g _____   q _____

h _____   zh _____   l _____

n _____   j _____   sh _____

ch _____   l _____   x _____

q _____   x _____   n _____

j _____   D _____ d _____   H _____

g _____ g _____ y _____   h _____ y _____ g _____ l _____

---

3 请把你听到的声调标在拼音字母上。

Please listen to the CD and write correct tone marks.

（共 36 处，每处 0.5 分，共计 18 分）

ci	yu	xing	hua
geng	shou	jiu	tao
zisi	meiyou	tianqi	
gaosu	jianyan	erduo	
liang shi yi you		suan tian ku la	

Tang tang tang tang, shi ren fapang.

---

4 请把你听到的拼音填到横线上。

Please fill in the blanks with correct *pinyin*.

（共 6 句，每句 2 分，共计 12 分）

1. _____ _____ le, _____ _____ le.

2. _____ bú shì _____.

3. Huáng _____ hé _____ _____ dōu shì _____ _____ de _____ .

4. _____ _____ _____ . _____ _____ .

5. _____ _____ _____ _____ , _____ _____ _____

   _____ .

37

6 _____ _____ _____ , _____ _____ _____ , _____ _____

_____ _____ , _____ _____ _____ _____ .

5 请标出下列拼音变化后的声调。

Please mark the tone changes in the *pinyin*.

（共7处，每处1分，共计7分）

For example: yī ge ⟶ yí ge

yǔsǎn ⟶ yusan   yīqǐ ⟶ yiqi

zhǎnlǎn ⟶ zhanlan   bùdàn ⟶ budan

yīyàng ⟶ yiyang   bùguò ⟶ buguo

jiǎngjiě ⟶ jiangjie

二 口语会话部分（18%）

Conversations

（共6段会话，每段3分，共计18分）

请完成下列会话。

Please complete the following dialogues.

1 【问候】

A：Nǐ hǎo ma?

B：_____ . _____?

A：Wǒ yě hěn hǎo.

2 【问需要】

A：Nǐ yào _____ma?

B：_____ .

A：Nǐ ne?

C：_____ .

3 【问国籍】

A：Nín shì Yīngguó rén ma?

B：Bú shì, _____. Nín shì nǎ guó rén?

A：_____.

4 【问姓名】

A：Nín guìxìng?

B：Wǒ xìng _____, jiào _____.

A： Wǒ jiào _____. _____wǒ hěn gāoxìng.

B：_____.

5 【问地点】

A： Qǐngwèn, cèsuǒ zài nǎr?

B：_____.

A：Xièxie.

B：_____.

6 【建议】

A：_____, hǎo ma?

B：Tài hǎo le! _____?

A：_____, kěyǐ ma?

B：_____.

1~6课语音阶段单元测试（笔试）
部分参考答案

Unit Test for Lesson 1 to 6: the Section of Phonetics (Written Exam)
Answers

一 语音部分（82%）

Phonetics

1 请把你听到的声母填到横线上。

Please fill in the blanks with appropriate initials.

（共 43 处，每处 0.5 分，共计 21.5 分）

bà（爸）	shū（书）	gè（个）
chī（吃）	xiǎng（想）	rú（如）
hēi（黑）	duō（多）	pǎo（跑）
tāng（汤）	kuài（快）	bǐ（比）
sǎo（扫）	fěn（粉）	kàn（看）
jiù（就）	māo（猫）	cuò（错）
zì（字）	néng（能）	qīn（亲）
liú（流）	zhōng（中）	kùn（困）
fánhuá（繁华）		kǒutóuchán（口头禅）
qìxiàngzhàn（气象站）		lǎoniánrén（老年人）
jìnxíng gǎigé（进行改革）		jí zhōng shēng zhì（急中生智）

2 请把你听到的韵母填到横线上。

Please fill in the blanks with appropriate finals.

（共 47 处，每处 0.5 分，共计 23.5 分）

tái（台）	zǐ（子）	fó（佛）
děng（等）	bì（必）	kěn（肯）
jiā（家）	niǎo（鸟）	sòng（送）
cáng（藏）	pā（趴）	chē（车）

shì（是）　　　rán（然）　　　mǒu（某）

lǎo（老）　　　fēi（飞）　　　ér（儿）

miàn（面）　　xié（鞋）　　　suǒ（所）

píng（瓶）　　gǔ（古）　　　qiū（秋）

huā（花）　　　zhuī（追）　　liáng（凉）

nuǎn（暖）　　jìn（进）　　　shuài（帅）

chuáng（床）　lún（轮）　　　xióng（雄）

què（却）　　　xuān（宣）　　nǚ（女）

jūn（军）　　　Dàdù Hé（大渡河）

guāguǒyuán（瓜果园）　　　huānyíng guānglín（欢迎光临）

---

3 请把你听到的声调标在拼音字母上。

Please listen to the CD and write correct tone marks.

（共 36 处，每处 0.5 分，共计 18 分）

cí（词）　　　yǔ（雨）　　　xīng（星）　　　huà（画）

gèng（更）　　shōu（收）　　jiǔ（酒）　　　táo（桃）

zìsī（自私）　méiyǒu（没有）　tiānqì（天气）

gàosu（告诉）　jiǎnyàn（检验）　ěrduo（耳朵）

liáng shī yì yǒu（良师益友）　　suān tián kǔ là（酸甜苦辣）

Tāng táng tǎng tàng, shǐ rén fāpàng.（汤糖躺烫，使人发胖。）

---

4 请把你听到的拼音填到横线上。

Please fill in the blanks with correct *pinyin*.

（共 6 句，每句 2 分，共计 12 分）

① Dùzi bǎo le, tùzi pǎo le.（肚子饱了，兔子跑了。）

② Nǚkè bú shì lǚkè.（女客不是旅客。）

③ Huáng fènghuáng hé huā fènghuáng dōu shì Fāngfāng huà de fènghuáng.
　　（黄凤凰和花凤凰都是方方画的凤凰。）

④ Jiǔ féng zhījǐ qiān bēi shǎo.（酒逢知己千杯少。）

⑤ Zhòng guā dé guā, zhòng dòu dé dòu.（种瓜得瓜，种豆得豆。）

6 Sì shì sì, shí shì shí, sì bú shì shí, shí bú shì sì.

（四是四，十是十，四不是十，十不是四。）

5 请标出下列拼音的变调。

Please mark the tone changes in the *pinyin*.

（共7处，每处1分，共计7分）

For example: yī ge ⟶ yí ge

yǔsǎn	⟶	yúsǎn（雨伞）
zhǎnlǎn	⟶	zhánlǎn（展览）
yīyàng	⟶	yíyàng（一样）
jiǎngjiě	⟶	jiángjiě（讲解）
yīqǐ	⟶	yìqǐ（一起）
bùdàn	⟶	búdàn（不但）
bùguò	⟶	búguò（不过）

二 口语会话部分（18%）

Conversations

（共6段会话，每段3分，共计18分）

（回答这部分题有一定的灵活性，故略去参考答案。）

1~6课语音阶段单元测试（口试）
Unit Test for Lesson 1 to 6: the Section of Phonetics
(Oral Exam)

教师在以下内容中选取十个问题向学生提问（口语测试应每个学生依次进行，并对测试情况进行录音，以便整理和分析），根据学生口头回答的语言表现给出综合评定，包括语音表现与词汇和语法的准确性，具体比例如下：语音表现 50%，词汇的准确性 25%，语法的准确性 25%，满分为 100分。此单元测试也可由学生使用这些问题互相测试。

问题　Questions
1. 你好吗？
2. 你爸爸/妈妈/哥哥/弟弟/妹妹好吗？
3. 你忙吗？
4. 你爸爸/妈妈/朋友忙吗？
5. 你要咖啡/水吗？
6. 你是哪国人？
7. 你是老师/医生/学生/记者吗？
8. 你叫什么？
9. 你学习什么？
10. 餐厅/***（某某同学的名字）在哪儿？
11. 我们去游泳/打球/餐厅，好吗？
12. 今天天气/昨天的京剧怎么样？

你认识不认识他

一 教学目的

1 掌握本课重点句型和重点词语的用法

(1) 表领属关系的定语

(2) 正反疑问句

(3) 用"呢"构成的省略式问句

(4) 副词"也"和"都"的位置

(5) 动词 + "一下"

(6) 名词直接作定语

2 掌握本课的"初次见面"和"谈专业"这两个功能项目,能初步就初次见面的话题进行交际。

3 了解有关词重音的规律,正确掌握朗读和会话中的词重音。

二 教学步骤建议

1. 复习检查

对前一课生词、句型、功能的掌握情况进行复习检查,发现不足之处并加以纠正;同时要进一步提高对旧课掌握的要求,如要求能较熟练地进行相互问答、复述,甚至听述、自述直至交际运用。

要把对旧课的复习引向对新课的准备,做到温故知新,以旧带新。

本课紧接在单元复习课之后,因为前一课已进行单元测验,本课可用一部分时间对考试作讲评。讲评内容:肯定成绩,归纳带普遍性的问题,进行讲练。

2. 新课的准备——词语教学

在上一课已布置预习本课生词的基础上，通过范读、领读、轮读、抽读等方式使学习者进一步正确掌握生词。要注意对组成生词的语素（汉字）的意义进行说明，帮助学习者记忆生词并能举一反三。在此基础上进行连词组并逐步扩展词组的练习，加深对词语用法的理解、记忆，并为学习句子打好基础。

处理完生词以后，新课课文内容可以由老师朗读或放录音 1～2 遍，目的是让学习者了解本课所提供的情境和表达的话题及功能，引起学习者的兴趣，并了解课文全貌。

3. 重点句型和词语的教学

首先将新句式和重点词语逐个引入。引入可采用以旧带新的方法（如从已学过的"您贵姓？"引向"您叫什么名字？"）、设置语境的方法（如老师指着自己问："我是你们的老师吗？"然后再指着一个学生问："他是我们学院的老师吗？"引向"他是不是我们学院的老师？"）、对比的方法（如"坐一下"和"坐"，"不都是"和"都不是"）等，注意在引入新句型时最好避免用本课新学的生词，以利于学习者更好地理解句子的意思。

向学习者展示新的句型或词语的用法以后，就按"练习与运用"中所提供的材料，从机械性练习开始（读词组、句型替换）进展到看图造句、会话练习，直到活用的练习——交际练习。

本步骤的最后，教师可画龙点睛地将以上所介绍和练习的句型和词语、语法点归纳一下，也可以强调一下用这些句型和词语时要注意的事项。

4. 讲练课文

教师借助实物、图片及重点句型和重点词语的板书，叙述课文的内容，让学习者听懂。然后就主要内容提问，让学习者回答（突出重点句型和词语）。下一步，教师领着说，直到学习者能通过一问一答的形式自己进行课文的对话。最后，教师带学生朗读课文，提高熟练程度。在带读过程中，结合本课的语音教学，对学习者进行提示。

上述过程也可以倒过来，先带学习者朗读课文，然后再逐段说课文。

5. 语音教学

按"语音教学"部分所介绍的内容，可以安排专门的教学时间，也可以结合课文的朗读加以提示。

实用汉语课本 入门级

6. 布置作业

按综合练习题的内容布置本课口头或笔头巩固性练习。如果是本课教学的最后一节，则要布置预习新课的生词，并要带读新课生词。

三 内容说明

从本课开始，学习重点由语音转到语法，课文也由拼音转向汉字。为了使新阶段开始不致产生太大的难度，本课课文中重现了很多前六课已出过的句型、功能。本课的语言点除了正反疑问句、动词＋"一下"以外，其他如用"呢"构成的省略式问句、副词"也"和"都"的位置、表领属关系的定语和名词直接作定语等，都不是新的，而是在前六课都已出现过的，本课对这些语言结构的规则正式进行归纳、总结和操练。本课的话题和功能，除了"谈专业"以外，也大多是重现并加深前六课已出现的打招呼、问候、问国籍、问姓名、介绍、指认人、告别等。

四 课本语法与注释

1. 表领属关系的定语

汉语中定语一定要放在它所修饰的词语的前边。代词、名词作定语表示领属关系时，后面要加结构助词"的"。例如：

NP / Pr	+	的 + N
我	的	名片
哥哥	的	咖啡
语言学院	的	老师

人称代词作定语，如果被修饰的词语是表示亲友称谓或所属单位的名词，定语和被修饰语之间的"的"可以省略。如"我妈妈"、"你爸爸"、"他们家"、"我们学院"等。

2. 正反疑问句

将句子谓语中的主要成分（动词或形容词）的肯定形式和否定形式并列，也可以构成一种疑问句。

V / A / + 不 + V / A + O

Subject	Predicate			
	V / A	不 V / A		O
你	忙	不	忙？	他？
你们	认识	不 认识		
力波	是	不 是		中国人？

回答时，可以重复整个句子（肯定或否定），也可以省去主语或宾语。"是"字句还可以在句子前边加上"是"（肯定回答）或"不是"（否定回答）。例如：

（我）忙。／（我）不忙。

（我们）认识（他）。／（我们）不认识（他）。

（陆雨平）是中国人。／是，陆雨平是中国人。

（力波）不是中国人。／不是，力波不是中国人。

3. 用"呢"构成的省略式问句

代词或名词后面直接加上"呢"，构成省略式的问句。所问的内容必须在上文中已有清楚的表示。例如：

Pr / N + 呢？

我很<u>好</u>，你呢？　　　（你呢？　　　= 你好吗？）

我<u>不忙</u>，你男朋友呢？　（你男朋友呢？ = 你男朋友忙吗？）

你是<u>加拿大人</u>，他呢？　（他呢？　　　= 他是加拿大人吗？）

林娜<u>学习汉语</u>，马大为呢？（马大为呢？　= 马大为学习汉语吗？）

4."也"和"都"的位置

副词"也"和"都"必须放在主语之后、谓语动词或形容词之前。如"她也是加拿大人"、"他们都是加拿大人",不能说成"也她是加拿大人"、"都他们是加拿大人"。

"也"和"都"在句中同时修饰谓语时,"也"必须放在"都"的前边。

也／都 + V／A

Subject	Predicate	
	Adv	V／A
丁力波		是　加拿大人。
丁力波		认识　他。
丁力波	很	忙。
她	也	是　加拿大人。
她	也	认识　他。
她	也很	忙。
他们	都	是　加拿大人。
他们	都	认识　他。
他们	都很	忙。
我们	也都	是　加拿大人。
我们	也都	认识　他。
我们	也都很	忙。

在否定句中,"也"必须放在"不"的前边。"都"可以放在"不"的前边或后边,但意思不一样。

也／都 + 不 + V／A

Subject	Predicate	
	Adv	V／A
她	不	是　老师。
你	也不	是　老师。
我们	都不	是　老师。（none of us）
我们	不都	是　老师。（not all of us）

5. 动词 + "一下"

"一下"用在动词后边，常常表示动作经历的时间短，或者表示尝试的意思，可以使说话的语气显得比较缓和、随便。如"认识一下"、"介绍一下"、"去一下"、"进来一下"、"说一下"、"坐一下"等。

6. 名词直接作定语

名词可以直接放在另一个名词之前，作为定语。如"中文名字"、"汉语老师"、"中国人"。

五 语音教学

词的重音（一）

1. 按照普通话的发音习惯，汉语的多音节词里，大致可以分为"重音"、"中音"、"轻音"三类，这在一个多音节词中能够有比较地读出来。双音节词、三音节词、四音节词都清楚地有一个重音节（本书用"·"符号表示）。大多数双音节词末一个音节是重音，它前边的音节常常读中音。例如：

老师　　现在　　明天　　汉语　　学院

教授　　再见　　专业　　美术　　文化

小部分双音节词的重音节在前边，它后边的音节即使不是轻声（本身有调号），也要轻读。例如：

认识　　学生　　朋友　　名字　　什么（轻声）

学习　　介绍　　　　　　　　　　　　（轻读）

2. 语气助词"啊、吗、呢"等不能重读，永远读轻声。例如：

好啊！

您是我们学院的老师吗？

我学习美术专业，你呢？

六 教师参考语法知识

1. 一下

"一下"可以儿化，读成"一下儿"。用在动词后面，有两个作用，一是表示动作短促，二是表示动作有尝试性。本课中的"我问一下"兼有这两个意思。请看以下几个例子：

电话铃响了，我去一下。（表示短促）

电话铃响了，我去接一下。（表示短促）

请你等一下，我马上回来。（表示短促）

我看一下。（表示尝试）

2. 定语

定语是一种修饰语，它通常修饰名词或名词性词语，被定语修饰的名词或名词性词语是"中心语"。汉语的定语一定都在名词或名词性词语（中心语）前边。

在汉语里，能够作定语的词有代词、名词、形容词、量词等，动词和词组也可以作名词或名词性词语的定语（这个我们以后再讲）。

从定语与中心语的语义关系看，定语可分为两类：一类是限制性定语，另一类是描写性定语。本课出现的定语都是限制性定语。所谓限制性定语，是指定语从时间、处所、归属、范围等方面说明中心语。

代词作定语时，定语和中心语之间有时带"的"，有时不带"的"，这又分几种情况。

当代词是单数，且当中心语是表示亲属或朋友关系的名词或名词性词语时，中间可以不用"的"，如：

我爸爸　　我妈妈　　你哥哥　　他姐姐

当代词是复数，且当中心语是表示亲属或朋友关系的名词或名词性词语时，中间要用"的"，亦即中心语对代词所指的人们来说，具有共同的关系（本课课文中尚未出现）。如：

我们的父亲　　你们的妈妈　　他们的朋友

当中心语是表示国家、地区、组织、单位的名词或名词性词语时，代词往往用复数，表示人是属于国家或组织等的，后面可以不用"的"；但如果代词是单数，后面要用"的"。如：

> 我们国家　　　你们学校　　　他们系
>
> 我的国家　　　你的学校　　　他的系

如果要表示国家、地区、组织、单位是属于某些人时（意义和某些人属于组织等相对），代词和中心语之间要用"的"。如：

> 我们的国家　　　你们的学校　　　他们的系

用"的"和不用"的"表示的所属关系不同。

当中心语是表示事物的普通名词或名词性词语时，代词和中心语之间要用"的"。如：

> 我的名片　　　我的名字　　　我们的宿舍
>
> 你的书包　　　你们的报纸　　　他的咖啡

名词作定语也有带"的"和不带"的"两种情况。名词作定语表示中心语的性质（原料、质地、职业等）时，可以不用"的"。如：

> 加拿大人　　　中国人　　　美术专业　　　文化专业
>
> 语言学院　　　汉语系　　　中文名字　　　汉语教授

在其他情况下，名词作定语要用"的"。如：

> 语言学院的学生　　　　　语言学院的教授

3. 正反疑问句

这种疑问句是由谓语的肯定形式和否定形式并列而成的。回答的人从这两种情况中选择一种作为答话。提问的人实际对答案没有什么倾向性。当谓语不带宾语时，直接使用谓语的肯定、否定并列形式就可以了。如：

> 你忙不忙？　　　你们认识不认识？　　　你高兴不高兴？

当谓语带有宾语时，宾语的位置有两种，一种是在整个谓语后面，第二种是在谓语的肯定形式和否定形式之间（第二种本课课文中尚未出现，以后将介绍）。如：

你是不是加拿大人？ 　　　你是加拿大人不是？

你认识不认识他？ 　　　你认识他不认识？

你们学不学汉语？ 　　　你们学汉语不学？

回答正反疑问句时，可以用谓语的肯定形式或否定形式作简单的回答，也可以用完整的句子来回答。如：

A：你是不是加拿大人（你是加拿大人不是）？

B_1：是/不是。

B_2：我是/不是加拿大人。

B_3：是（对），我是加拿大人。

A：你认识不认识他（你认识他不认识）？

B_1：认识/不认识。

B_2：我认识/不认识他。

4. 用"呢"构成的省略式问句

名词、代词、名词词组后面加上"呢"，可以构成省略的疑问句。在回答了一个问题、说明了一种情况之后，顺着前边的话题，询问另一个人的同一种情况时，我们可以使用这种省略的疑问句。问句所问的事情，要根据上文来推断。使用这样的句子，语言显得精炼、紧凑。如：

A：你忙吗？

B：我很忙，你呢？（你忙吗？）

A：我爸爸是加拿大人。

B：你妈妈呢？（你妈妈也是加拿大人吗？）

我们都学习汉语，你们呢？

在没有上下文的情况下，"……呢"问的是某种东西在什么地方，相当于"……在哪儿？"。（这种用法本课没有出现，以后将介绍。）如：

马大为呢？ ＝马大为在哪儿？

我的名片呢？ ＝我的名片在什么地方？

5．"也"和"都"的位置

"也"和"都"是副词，副词的作用是修饰动词或形容词，作状语。汉语的状语一律都在动词前，而且，有很多副词作状语时，一定要在主语后、谓语前。"也"和"都"就是这种只能用在主语和谓语之间的副词。

"也"是表示相同的副词。上文说了一种情况或性质，下文要说某人或某物同样具有这个性质时，就可以用"也"。或者说，在已对某个或某些对象（人或物）作出一个陈述后，又要对一个或一些对象作相同的陈述时，我们就要用"也"。如：

> 他是加拿大人，我也是加拿大人。

> 你是语言学院的学生，我们也是语言学院的学生。

"都"是表示范围和总括的副词，当要说明某些人或物具有共同的性质时，我们用"都"来表示。或者说，"都"是把对象（人或物）先划进同一个范围里，再对这个由若干对象组成的整体作出陈述。因此，用"都"的时候，主语（陈述的对象）一定是复数，这跟"也"是有区别的。如：

> 我们都是加拿大人。

> 他们都是语言学院的学生。

从句子的结构看，"都"所总括的一般是它前边出现的人或事物，而不是它后面的成分。因此只能说"我们都认识他"，而不能说"都我们认识他"，也不能说"我都认识他们"，或者"我认识都他们"。

当既要说明一些人或物和前边的某个或某些人或物有共同性质，又要说明后面的这些对象在同一个范围里时，我们就要用"也都"。注意，"也"一定要放在"都"前边。如：

> 你是加拿大人，我们也都是加拿大人。

> 你认识他，我们也都认识他。

> 你是语言学院的学生，我们也都是语言学院的学生。

由于否定的范围不同，"都"有两种否定的形式。当对某范围内的全部对象作出否定时，"不"放在"都"的后面；当只否定某个范围内的一部分对象时，"不"放在"都"的前边。如：

> 他们都不是加拿大人。（没有一个是加拿大人）

> 他们不都是加拿大人。（其中有加拿大人，也有其他国家的人）

七 教师参考文化知识：人名的翻译

不同语言间人名的翻译一般都用音译。把一种语言的人名翻译成另一种语言时，原则是发音越接近越好。以英语为例，汉语和英语都是音素较丰富的语言，相互对译时，容易做到"忠实于原音"。汉语人名译成英语时，可根据汉语发音直译，用相应的英文字母表示。例如：

中文姓名	英译
王小云	Wang Xiaoyun
宋华	Song Hua
丁力波	Ding Libo
陆雨平	Lu Yuping

英语国家的常见人名翻译成汉语时，一般有通用（通行）的译法。如：

英语国家的人名	汉译
David	大为
Jack	杰克
Mary	玛丽
Daniel	丹尼尔
Michael	迈克尔

英语国家的人的姓名译成汉语时，其中一种做法是，虽仍是音译，但又要把名字翻译得像中国人的名字，换句话说，英语国家的人的姓名可以像中国人的姓名那样，有汉语的意义。如：

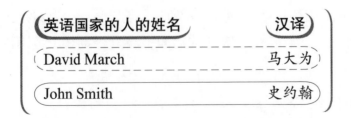

英语国家的人的姓名	汉译
David March	马大为
John Smith	史约翰

八 综合练习题中听力练习的部分参考答案与录音文本

CD 2
11
1~3

1 听问题，选择正确的回答。

Listen to each question and circle the correct answer.

1　(A. 忙)　　　B. 不是忙　　　C. 不是　　　D. 是很忙

2　A. 我介绍　　　(B. 认识)　　　C. 在哪儿　　　D. 学生

3　A. 是　　　B. 学生　　　(C. 他们)　　　D. 老师

4　A. 我说汉语　　　B. 我听汉语　　　(C. 我学习汉语)　　　D. 我学习英语

5　(A. 是教授)　　　B. 认识他　　　C. 不是老师　　　D. 他很忙

6　A. 英语专业　　　(B. 美术专业)　　　C. 汉语专业　　　D. 文化专业

录音文本

1　你忙吗？

2　你认识马大为吗？

3　谁是语言学院的学生？

4　你学习汉语吗？

5　他是教授吗？

6　丁力波学习什么专业？

2 听对话并判断正误。

Listen to the following dialogue and decide whether the statements are true (T) or false (F).

1　她很忙。　（　F　）

2　他不忙。　（　F　）

录音文本

（A: 女，B: 男）

A: 你好吗？

B：我很好。你忙吗？

A：我不忙，你呢？

B：我很忙。

3 听录音并填空。

Listen and fill in the blanks.

① 我学习<u>汉语</u>。

② 我<u>介绍</u>一下。

③ 他学习<u>美术</u>专业。

④ 他是<u>语言学院</u>的老师。

你们家有几口人

一 　教学目的

1 掌握本课重点句型和重点词语的用法

(1) 11～100的称数法

(2) 数量词作定语

(3) "有"字句

(4) 用"几"或"多少"提问

(5) "两"和"二"

(6) 连词"和"

(7) "还"（1）：表示有所补充

(8) 副词"太"

2 掌握本课的"谈家庭"和"问职业"这两个功能项目，能初步就"家庭"的话题进行交际。

3 了解有关词重音的规律，正确掌握朗读和会话中的词重音。

二 　教学步骤建议（略）

三 　内容说明

1. 本课的重点句型是表领有的"有"字句。这种"有"字句并不难。但需要指出：其否定式是用"没（有）"，而不是用"不有"；另外，当句子的主语是表示单位或处所的名词时，汉语仍用动词"有"。本课第一次出现量词。量词特别丰富是汉语的一大特点，也是一大难点，需要强调汉语数词与名词之间要加量词。数量词作定语是本课的重点。学习者在本课还应学会11～100的称数法。其余如"几"和"多少"、"两"和"二"、"和"、"还"、"太"等也是本课的重点词语。除表示补充外，"还"还有很多别的用法，以后将陆续接触到。

2. 前一课的句型和重点词语，都在本课课文中重现，起复习巩固的作用（以下各课均按此体例）。本课需要特别强调的是，必须用结构助词"的"的定语和中心语词组，如本课出现的"你们家的照片"、"我的小狗"、"你们家的人"、"我们的好朋友"、"贝贝的照片"、"我们系的老师"、"你们的中国朋友"、"外语系的学生"等。

3. 汉语普通话在表达家庭成员的人数时，量词用"口"，如"我们家有五口人"。中国南方很多地方也用"个"，说"我们家有五个人"。

4. "你做什么工作？"是问职业的一种方式，询问职业的其他方式，以后会陆续介绍。

四　课本语法与注释

1. 11～100 的称数法

11 十一	12 十二	13 十三………… 19 十九	20 二十
21 二十一	22 二十二	23 二十三……… 29 二十九	30 三十
31 三十一	32 三十二	33 三十三……… 39 三十九	40 四十
⋮	⋮	⋮　　　　　　　⋮	⋮
81 八十一	82 八十二	83 八十三……… 89 八十九	90 九十
91 九十一	92 九十二	93 九十三……… 99 九十九	100 一百

2. 数量词作定语

现代汉语中，数词一般不能直接放到名词前作定语，中间必须加量词。名词都有自己特定的量词，如：

Nu	+	M	+	N
五		口		人
一		个		姐姐
十二		个		系
二十		张		照片

"个"是用得最广的量词，可以用在很多指人、指物、指单位等名词之前（读轻声）。"张"通常用在表示像纸、照片、名片等有平面的物体的名词前。量词"口"与"人"连用时（如"五口人"）只限于说明家庭成员的总人数，一般情况下仍用"个"。如"我们班有二十个人"，不能说"我们班有二十口人"。

3. "有"字句

动词"有"作谓语主要成分的句子常表示领有和具有。它的否定形式是在"有"前加副词"没"（注意：不能用"不"）。正反疑问句则用"有没有"提问。

$$（没 + ）有 + O$$

Subject	Predicate		
	（没）有	O	QPt
我	有	姐姐。	
她	没有	男朋友。	
你	有	名片	吗？
你	有没有	照片？	
语言学院	有	十二个系。	
我们系	没有	外国老师。	
你们家	有没有	小狗？	

"有"字句的主语如果是表示单位或处所的名词，就表示存在。

4. 用"几"或"多少"提问

疑问代词"几"或"多少"都是用来问数目的,"几"常用于问比较小的数目（10以下）,"几"和名词之间必须加量词;"多少"可用来提问任何数目,后边可以加量词,也可以不加量词。

> 几 + M + N

A: 你们家有几口人?

B: 我们家有五口人。

> 多少（+M）+ N

A: 你们系有多少（个）学生?

B: 我们系有五百个学生。

5. 连词"和"

连词"和"一般用来连接代词、名词或名词性结构,如"他和她"、"哥哥和弟弟"、"我们老师和你们老师"。"和"不能用来连接两个分句,也很少连接两个动词。

6. "两"和"二"

当数词"2"与量词连用时,用"两",不能用"二"。如"两张照片"、"两个人"（不能说"二张照片"、"二个人"）。当数词"2"单独使用时,如"一、二、三……",或出现在多位数中,即使后边也有量词,仍用"二",如"十二"、"二十二"、"九十二个人"、"二百"等。

7. "还"（1）:表示有所补充

"还"的一个用法是表示有所补充。例如:"我有两个姐姐,还有一个弟弟。""我认识马大为,还认识他朋友。"

8. 副词"太"

副词"太"在表示否定的结构中,"不太"是"不很……"的意思,"不太大"就是"不很大","不太忙"就是"不很忙"。如果在表示肯定的结构中,"太大（了）"、"太小（了）"、"太忙（了）"常有"过分"的意思。

五　语音教学

词的重音（二）

1.叠字名词的第一个字重读，第二个字读轻声。例如：

爸爸　妈妈　哥哥　弟弟　姐姐　妹妹　贝贝

2.数词和量词结合时，一般是数词重读，量词轻读。例如：

一个（姐姐）　　　八张（照片）

两个（弟弟）　　　五口（人）

六个（老师）　　　九本（书）

数词"十"单用时重读。"十"和其他数字结合，"十"在开头时不重读，如"十三"。"十"在末尾时重读，如"三十"。但后面有量词时，"十"要轻读，如"三十个"、"五十张"。"十"夹在其他数字中间时也轻读，如"二十八个"。

六　教师参考语法知识

1. 一百以内整数的称数法

数词是表示数目的词。汉语的数词分基数词和序数词两种，基数词只表示数目的多少，不表示顺序。

汉语的基数词有系数词和位数词两种，这两种词都是封闭的类。系数词有：零（〇）、一、二（两）、三、四、五、六、七、八、九、十。

百以内的位数词有：（个、）十、百。

汉语计数使用十进位制，十个一是十（$1 \times 10 = 10$），十个十是百（$10 \times 10 = 100$）。"10"以内的数只用系数词，1 到 10 的读法是：

1	读作	一	6	读作	六
2	读作	二	7	读作	七
3	读作	三	8	读作	八
4	读作	四	9	读作	九
5	读作	五	10	读作	十

　　11 到 19 的读法是：省略十位上的系数词"一"，只读十位上的位数词"十"和个位上的系数词。

11	读作	十一	16	读作	十六
12	读作	十二	17	读作	十七
13	读作	十三	18	读作	十八
14	读作	十四	19	读作	十九
15	读作	十五			

　　20 到 100 的计数是把系数词和位数词结合起来，具体读法见下表。注意，"个"这个位数词永远不读出来。

系数词	位数词：百	位数词：十	位数词：（个）（不读，直接读系数词）
			1（一）…………………… 9（九）
2（二）		二十	二十一……………………二十九
3（三）		三十	三十一……………………三十九
4（四）		四十	四十一……………………四十九
5（五）		五十	五十一……………………五十九
6（六）		六十	六十一……………………六十九
7（七）		七十	七十一……………………七十九
8（八）		八十	八十一……………………八十九
9（九）		九十	九十一……………………九十九
1（一）	一百		

2. 数量词组作定语

量词是表示事物单位的词。汉语名词的一个重要特点是，如果要表示事物的数量，除了使用数词外，还要使用量词。换句话说，汉语的名词几乎都有特定的量词。

量词的使用规则是：数词 + 量词 + 名词。数词和量词统称"数量词组"。数词和量词之间一般不能再插入其他的词。

"个"是使用最广泛的量词，用于没有专用量词的事物。如：

　　一个人　　三个老师　　两个朋友　　四个学生

　　两个学校　一个名字　　一个系

"层"用于重叠或累积的事物，如楼房。如：

　　三层楼

"口"通常专用于家庭、村庄中的人口。如：

　　我们家有五口人。

　　这个村子有八十口人。

"张"用于平面或部分有平面的东西。如：

　　一张纸　　三张照片　　两张桌子　　一张名片

3. "二"和"两"的区别

数词"二"和"两"都表示"2"，但用法有区别。

在位数词"十"前，只能用"二"，不能用"两"。如：

　　二十一　　二十二　　二十三

在位数词"百"前，可以用"二"，也可以用"两"，"二百"和"两百"意思相同。

在普通量词前边，用"两"，不用"二"。如：

　　两个人　　两张照片　　两口人

4. "有"字句

"有"字句是一种常用的句式。"有"字句和一般动词谓语句的重要区别是，"有"字句只能用"没"否定，不能用"不"否定。"有"字句的基本意义是具有或领有，在这个基本意义之下，又可分为以下几种情况。

宾语表示的事物是主语的一部分，如：

语言学院有十二个系。

这座楼有五层。

人人都有两只手。

宾语表示的事物为主语所领有，或属于主语，如：

我们系有二十个老师。

你有名片吗？

我有他的照片。

你们有没有小狗？

"有"字句还表示宾语和主语有某种关系，如亲属关系等，如：

我有一个姐姐。

她没有男朋友。

5. 用"几"和"多少"提问

"几"可用来询问数目，所指的数目为二到九，"几"和名词之间一定要有量词。如：

A：一加一等于几？　　　A：你们家有几口人？

B：等于二。　　　　　　B：四口。

"几"还可用在位数词"十"、"百"、"千"、"万"、"亿"之前和"十"的后面。如：

A：你们学校有几千个学生？

B：五千。

"多少"可以对任何数目提问，后面可以使用量词，也可以不用。如：

你们学校有多少个系？

你们系有多少学生？

你们系有多少老师？

七 综合练习题中听力练习的部分参考答案与录音文本

CD 3
3
1~3

1 听录音并回答听到的问题。

Listen and answer the questions you hear.

录音文本

① 你们家有几口人？　　④ 林娜是不是中国人？

② 你是不是学生？　　⑤ 你妈妈是医生吗？

③ 你们家有小狗吗？　　⑥ 你们学校大吗？

2 听对话并判断正误。

Listen to the following dialogue and decide whether the statements are true (T) or false (F).

① 这是宋华家的照片。　　（ F ）

② 照片上有五口人。　　（ F ）

③ 照片上有四口人。　　（ T ）

④ 小狗也是她们家的人。（ T ）

录音文本

林娜：宋华，你看，这是我们家的照片。

宋华：你们家有四口人。

林娜：不，我们家有五口人。

宋华：照片上是四口人，还有谁啊？

林娜：还有我的小狗。

3 听录音并填空。

Listen and fill in the blanks.

① 我们家有<u>三</u>口人。　　④ 你们班<u>有</u>多少人？

② 她是<u>学生</u>。　　⑤ 你<u>是</u>学生。

③ 你们家有<u>小狗</u>吗？　　⑥ 我有<u>两</u>张照片。

65

第九课
Lesson 9

他今年十九岁

一 教学目的

1 掌握本课重点句型和重点词语的用法

(1) 名词谓语句

(2) 表时间的词语作状语

(3) 年、月、日、星期的表达顺序

(4) 用"……，好吗？"提问

(5) 副词"多"

2 掌握本课的"约会"、"问年龄和出生地"、"祝贺生日"等功能项目，能初步就有关"生日"的话题进行交际。

3 了解有关词重音和词组重音的规律，正确掌握朗读和会话中的词重音和词组重音。

二 教学步骤建议（略）

三 内容说明

　　1. 本课重点句型是名词谓语句，这是汉语的四种主要句式之一，本课只出现表年龄的名词谓语句，下两课将继续介绍表价格和时间的。时间词作状语的位置是本课的又一重点。时间表示法本课只介绍年、月、日、星期的表示法，下一课介绍钟点表示法。

66

2. 本课提前出现了一些句式，只要让学习者懂其意思、能整体运用就行，在本课暂不讲解分析。如：

"祝你生日快乐！"是兼语句，第十三课要专门介绍。

"你们来，我很高兴。"是因果复句，本书未介绍。

"十一月十二日我们再来吃寿面。"是连动句，第十一课将介绍。

四 课本语法与注释

1. 年、月、日和星期

汉语年份的读法是直接读出每个数字，最后加上"年"。如：

一九九八年	yī jiǔ jiǔ bā nián
二〇〇〇年	èr líng líng líng nián
二〇〇二年	èr líng líng èr nián
二〇一〇年	èr líng yī líng nián

十二个月的名称，由数字1~12依次排列，每个数字后加上"月"。如：

一月	yīyuè	January	七月	qīyuè	July
二月	èryuè	February	八月	bāyuè	August
三月	sānyuè	March	九月	jiǔyuè	September
四月	sìyuè	April	十月	shíyuè	October
五月	wǔyuè	May	十一月	shíyīyuè	November
六月	liùyuè	June	十二月	shí'èryuè	December

日期的表示法是由数字 1~30 （或 31）依次排列，每个数字后加上"号"（口语）或"日"（书面语）。如：

（二月）六号	（èryuè）liù hào	(February) 6
（十月）十二号	（shíyuè）shí'èr hào	(October) 12
（十一月）二十二日	（shíyīyuè）èrshí'èr rì	(November) 22
（十二月）三十一日	（shí'èryuè）sānshíyī rì	(December) 31

说本月的某一天时,"月"可以省去,直接说"……号"。

一个星期七天的名称,是在"星期"后面依次加上数字 1~6,表示从星期一到星期六。在中国每周是从星期一开始,一周的最后一天则为"星期日"(口语叫"星期天")。

星期一	xīngqīyī	Monday		星期五	xīngqīwǔ	Friday
星期二	xīngqī'èr	Tuesday		星期六	xīngqīliù	Saturday
星期三	xīngqīsān	Wednesday		星期日	xīngqīrì	Sunday
星期四	xīngqīsì	Thursday				

汉语年、月、日和星期的顺序是:

年 + 月 + 日 + 星期

二〇〇九年十二月二十五日星期五

2009 年 12 月　25 日星期五

2. 表时间的词语作状语

表示时间的词语,如"现在、今天、下午、二月十号"等都可以作状语,表示动作和状态发生的时间。时间状语可以放在主语之后、谓语主要成分之前,也可以放在主语前以强调时间。

S + TW + VO/A

Subject	Predicate		
	TW	V O / A	
你	星期日	有　时间	吗?
我	上午、下午	都 有　课。	
中国人	生日	吃　蛋糕	吗?
宋华	1990年10月21日	出生。	
我	今天	很　　　　忙。	

$$TW + S + VO/A$$

Time words	Subject	Predicate		
		V	O	/ A
明天上午	你	有没有	课？	
星期日下午	我们	有	一个聚会。	
今天	我们	吃	北京烤鸭。	
11月12号	我们	再 来吃	寿面。	
今天	我	很		忙。

注意：（1）表示时间的词语决不能放在句子的最后。如不能说"我们吃烤鸭今天"。

（2）如果表示时间的词语不止一个，表示较大时间单位的词总是放在前面。如"明天上午"、"星期日下午"。

3. 名词谓语句

名词或名词结构、数量词等可以直接作句子的谓语，一般不用动词"是"。这种句子特别用来表示年龄、价格（见第十课）等。口语中也用来表示时间（见第十一课）、籍贯等。

$$S + Nu\text{-}M$$

Subject	Predicate	
	Nu-M	
宋华	今年	十九岁。
林娜		二十岁。

4. 用"……，好吗？"提问

用"……，好吗？"的疑问句，常用来提出建议，征询对方的意见。这种疑问句的前一部分是陈述句，后面也可以用"可以吗？"

我们买一个大蛋糕，好吗？

我们去游泳 (yóuyǒng)，好吗？

现在去，可以吗？

回答常用"好啊"、"好"、"太好了"，表示同意。

5. 副词"多"

这里的"多"是副词，后面跟一个形容词，"多＋A"用来提问。

汉语询问年龄，要根据对方的不同情况选择恰当的问法。"你今年多大？""大"指年纪的大小，只能用于询问一般成年人，或跟自己同辈人的年龄。如果问小孩的年龄，用"你今年几岁？"问老人或比自己年长的人，必须用更礼貌的问法。（第十一课将要学到）

五 语音教学

1 词的重音（三）

大多数三音节词和四音节词的最后一个音节是重音。三音节词常用的重音格式是"中轻重"。例如：

怎么样　　星期四　　葡萄酒　　中国人　　汉语系

四音节词常用的重音格式是"中轻中重"。例如：

生日蛋糕　　生日快乐　　外语学院

2 词组重音（一）

每个词组都有它的重音，即"词组重音"。词组重音只是在词重音上稍微加重。它不会转移词的重音位置，使原来非重读的音节变重。词组的重音和句子的结构有密切关系。可以按照句子成分来分析词组重音。（本书用"＿＿＿"表示词组重音。）

1. 主语＋谓语，谓语重读。例如：

A：你喝吗？　　　A：你参加吗？

B：我喝。　　　　B：我参加。

"是"字句中的"是"字一般不重读，后面的词重读。例如：

这是生日蛋糕。

星期日是宋华的生日。

2. 主语＋动词＋宾语，宾语重读。例如：

　　　　我有<u>课</u>。

　　　　我很喜欢<u>烤鸭</u>。

　　　　我们吃<u>寿面</u>。

3. 定语一般都重读。例如：

　　　　我们买一个<u>大</u>蛋糕，好吗？

　　　　今天我们吃<u>北京</u>烤鸭。

　但注意：

*人称代词作定语一般不重读，后面的名词重读。例如：

　　　　我们祝贺他的<u>生日</u>。

*数词"一"和量词组成的定语不重读，其他数量词作定语都重读。例如：

　　　　我们买一个<u>蛋糕</u>，好吗？

　　　　我们再买<u>两瓶</u>红葡萄酒。

*几个词连用作定语，距中心语最近的重读。例如：

　　　　我很喜欢你们的<u>北京</u>烤鸭。

　　　　我们买一个大<u>生日</u>蛋糕，好吗？

4. 名词谓语句中，谓语重读。例如：

　　　　宋华今年<u>十九</u>岁。

5. 人称代词作宾语则动词重读，宾语反而轻读。例如：

　　　　<u>谢谢</u>你！

　　　　<u>祝贺</u>您！

6. 形容词谓语句中，谓语重读。例如：

　　　　蛋糕真<u>漂亮</u>。

　　　　我很<u>忙</u>。

注意：在形容词谓语句中，"很"一般要轻读。

71

六 教师参考语法知识

1. 日期表示法

表示日期时，汉语的基本顺序是"年、月、日"。汉语的语序原则是"从大到小"，即大的单位在前，小的单位在后。

2. 时间词作状语

时间词语分为两种，一种表示时间的位置，也叫"时点"；一种表示时间的长度，也叫"时段"。

表示时点的词语，如"2001年、三月、二十号、上午"等。表示时段的词语，如"一年、两个月、一星期、三天"等。

作状语是时间词的主要功能。在第七课我们说过，汉语的状语往往在主语后、谓语前。时间词作状语时，既可以在主语后、谓语前，也可以在整个句子（主语）之前，这是它和一些状语的区别。需要注意的是，时间词作状语和汉语的其他状语一样，不在谓语之后，这是汉语状语的共同特点。

如果作状语的时间词不止一个，则单位大的在前，单位小的在后，大的单位对后面的小单位有限定作用。如：

宋华一九九〇年出生。

宋华一九九〇年十月出生。

宋华一九九〇年十月二十一日出生。

宋华一九九〇年十月二十一日上午出生。

宋华一九九〇年十月二十一日上午八点出生。

3. 名词谓语句

名词作谓语是汉语的一个特点。所谓名词谓语句是指由名词、时间词、代词、数词、数量词、名词词组或"的"字词组充当谓语的句子。

名词谓语句主要用于说明时间、天气、籍贯、年龄或数量关系等，也用来描写主语的特征等。

在名词谓语句中，单个名词作谓语的极为少见，一般是用名词词组作谓语。如：

他加拿大人。

一年三百六十五天。

名词谓语句多数可以在作谓语的名词前加上"是"，这样，名词谓语句就变成了"是"字句。如：

他北京人。　　　　　　　一年十二个月。

他是北京人。　　　　　　一年是十二个月。

因为名词谓语句是从正面对主语进行描写或说明，所以它没有否定形式。如果要对一个名词谓语句进行否定或反驳，我们要使用"是"字句的否定形式。如：

A：今天星期天。　　　　　A：他北京人。

B：不对，今天不是星期天，　B：他不是北京人，他是
　　今天是星期一。　　　　　　上海人。

名词谓语句一般都很短，基本上没有状语等修饰成分，但在某些情况下，可以有表示时间、范围的状语。如：

宋华十九岁。

宋华今年十九岁。

今天已经十二月三十一号了。

名词谓语句也常常用来描写主语的特征。如：

他高个子，蓝眼睛，黄头发。

林娜大眼睛，高鼻梁。

4. 用"……，好吗？"提问

有时说话人可以先提出意见、建议、要求等，然后向听话人征求意见，这时，我们可以用"……，好吗？"。这种问句的格式是先说出一个陈述句，然后用"好吗 / 行吗 / 对吗 / 可以吗"来提问。对于这种问句，回答时只需用相应的肯定或否定的答语就可以了。如：

A：马大为是美国人，对吗？　　A：我们买一个大蛋糕，好吗？

B：对。　　　　　　　　　　　B：好吧。

A：我们买一个大蛋糕，行吗？

B：行啊。

七 教师参考文化知识：中国人的属相

中国古代用干支表示年、月、日的次序。"干"和"支"是两套表示顺序的符号，相当于数字，前者叫"天干"，共有十个，后者叫"地支"，共有十二个。干支相配用于纪年，共有六十种组合，所以六十年为一个循环。

中国人又用十二种动物来代表人出生的年份，每种动物和一个特定的地支相对应，十二年为一个循环。这就是十二生肖。中国人问年龄，常说"你属什么？"。只要你说出你属什么，我们很快就能推算出你的年龄。十二地支和十二生肖的对应关系是：

子	丑	寅	卯	辰	巳	午	未	申	酉	戌	亥
鼠	牛	虎	兔	龙	蛇	马	羊	猴	鸡	狗	猪

八 综合练习题中听力练习的部分参考答案与录音文本

CD 3
6
1～3

1 听问题并圈出正确答案。

Listen to each question and circle the correct answer.

① (A. 二十)　B. 多大　C. 几岁　D. 有

② (A. 三号)　B. 生日　C. 星期　D. 十月

③ A. 学生　B. 下午　C. 上午　(D. 没有)

④ (A. 很好)　B. 什么　C. 今天　D. 那儿

⑤ (A. 参加)　B. 聚会　C. 祝贺　D. 星期

录音文本

① 你今年多大？

② 你的生日是几号？

③ 你今天下午有课吗？

④ 你怎么样？

⑤ 你今天参加不参加聚会？

2 听对话并判断正误。

Listen to the following dialogue and decide whether the statements are true (T) or false (F).

1 今天是小力的生日。　　　（ F ）

2 今天四月四号。　　　　　（ F ）

3 小力不忙。　　　　　　　（ F ）

4 今天也是小力弟弟的生日。（ F ）

录音文本

小力：老马，你怎么样?

老马：我很好，小力，你忙不忙?

小力：很忙。我要去参加朋友的生日聚会。

老马：今天几号?

小力：今天十月十号。

老马：啊，我弟弟的生日也是今天。

3 听录音并填空。

Listen and fill in the blanks.

1 明天<u>上午</u>我有课。

2 你星期六有<u>课</u>吗?

3 你的<u>生日</u>是哪天?

4 喝红酒，吃<u>寿面</u>。

5 今天是十月<u>三</u>号。

6 我<u>星期一</u>有时间。

我在这儿买光盘

一　教学目的

1　掌握本课重点句型和重点词语的用法

（1）介词词组

（2）双宾语动词谓语句（1）：给、送

（3）形容词谓语句和副词"很"

（4）"……，是不是 / 是吗？"问句

（5）指示代词"这"、"那"作定语

（6）"怎么 + V"

（7）"一斤……多少钱？"

（8）用疑问代词的问句小结

2　掌握本课的"喜欢不喜欢"、"解决语言困难"、"买东西"等功能项目，并能初
步就"买东西"的话题进行交际。

3　了解有关词组重音的规律，掌握朗读和会话中的词组重音。

二　教学步骤建议（略）

三　内容说明

　　1.本课的重点句型是谓语动词为"给"、"送"等的双宾语动词谓语句（下一课将
继续介绍"教"、"问"等为谓语动词的双宾语句）。介词结构（本课只出现"在"、

"给"，其余介词以后陆续出）是新的语法点，重点在于介词词组作状语时在句中的位置，另外有的介词同时又是动词，用法易混淆。本课将再次对形容词谓语句进行归纳（上一次是在第二课），这次强调副词"很"的作用。"……，是不是/是吗？"也是一种新的提问方式，是对上一课"……，好吗？"问句的补充。"怎么 + V"是一种新的用疑问代词的问句。指示代词"这"、"那"作定语与名词中间要加量词，可与上一课数量词作定语相对照。"一斤……多少钱？"是名词谓语句的一种。最后对用疑问代词的问句作一小结。

2. 本课提前出现的句式有：

"这个汉语怎么说？"这是主谓谓语句。第十二课将介绍主谓谓语句的一种，本课暂不分析讲解。

"不要了。"这是语气助词"了"的一种用法，以后会介绍，这里也先不讲。

此外，"我是问"中的"是"表示强调。

四 课本语法与注释

1. 介词词组

我们已经学过动词"在"（第五课）。"在"又是介词，常和它后边的名词或词组（一般为表示地点的词语）组成介词结构，放在谓语动词的前边，说明动作发生的地点。如：

在 + PW + V O

Subject	Predicate		
	Prep 在 + PW	V	O
我	在 这儿	买	光盘。
您	在 哪儿	工作？	
他	不 在 语言学院	学习。	

介词"跟"常和它后边的名词组成介词词组，放在谓语动词的前边说明动作的方式。如：

$$\text{跟} + \text{Pr} / \text{N (person)} + \text{V O}$$

Subject	Predicate				
	Prep 跟	+	Pr / N	V	O
我	跟		力波	来	这儿。
（你）	跟	我		来。	
您	跟	我		学。	

注意：介词词组"在……"、"跟……"必须放在动词的前边。不能说"我学习在语言学院"、"你来跟我"。

2. 双宾语动词谓语句（1）：给、送

有的动词可以带两个宾语，一个宾语通常是指人的，在前边；另一个宾语通常是指事物的，在后边。本课介绍的是有给予意义的动词带两个宾语。如：

$$\text{给} / \text{送} + \text{Pr} / \text{N (person)} + \text{NP(thing)}$$

Subject	Predicate		
	V	Object 1	Object 2
您	给	我	二十块钱。
我	找	您	十块钱。
（我）	送	您	一个苹果。

注意：汉语里不是所有的动词都能带两个宾语。

3. 形容词谓语句和副词"很"

我们已经接触过很多形容词谓语句，这类句子的主语后面直接加形容词，不用动词"是"。但形容词前边如果没有副词"真"、"太"、"不"等，常常要加一个副词"很"。如：

$$\text{S} + \text{很} + \text{A}$$

我<u>很</u>好。

我今天<u>很</u>忙。

这个商场<u>很</u>大。

这是因为形容词前不加副词，往往有比较的意思。如：

> 我忙，他不忙。
>
> 我的本子大。（他的本子小。）

这里的"很"，"very"的意思已不明显。"我很忙"和"我忙"的程度差不多。在正反疑问句中，不能用"很"。如"他高兴不高兴？"不能说成"他很高兴不很高兴？"。

4. 用"……，是不是／是吗?"提问

"……，是不是？"（或"……，是吗？"）这种句式常用来表示一种估计，向对方询问。回答的时候，如果同意这种估计，就用"是啊"，如果不同意就用"不（是）"。如：

> A：你喜欢中国音乐，是吗？
>
> B：是啊。

5. 指示代词"这"、"那"作定语

指示代词"这"、"那"作定语时，被修饰的名词前一般也要用量词，如"这张光盘"、"那个朋友"、"那瓶酒"。

6. "怎么 + V"

"怎么+V"常用来询问某一动作或行为的方法，"怎么"是状语，修饰动词。如"怎么说？""怎么做？""怎么去？""怎么介绍？"等。

7. "一斤……多少钱?"

"一斤……多少钱？"是买东西时问价格的常用语，这也是一种名词谓语句：数量词谓语"多少钱"直接放在主语"一斤……"的后边。注意这种句子的前后两部分可以互换，也可以说："多少钱一斤（……）？""三块五一斤。"

中国的度量衡制度规定重量用"公斤"（gōngjīn, kilogramme），但民间仍习惯用"斤"，一斤等于1／2公斤。

在超市或大商场买东西，是不能还价的；在自由市场或小摊上买东西时，可以讨价还价。

实用汉语课本 入门级

8. 用疑问代词的问句小结

我们已经学过很多带疑问代词的问句。这类问句的词序与陈述句一样，也就是说，需要问句子的哪一部分，就将这一部分改为相关的疑问代词。

Interrogative pronoun	Statement	Question
谁 who	那是马小姐。 他是我们老师。 这是张教授的名片。	那是谁？ 谁是我们老师？ 这是谁的名片？
什么 what	这是苹果。 他学习美术专业。	这是什么？ 他学习什么专业？
哪 which	我是中国人。	您是哪国人？
哪儿 where	他北京人。 她在这儿。 我在美术学院学习。	他哪儿人？ 她在哪儿？ 您在哪儿学习？
怎么样 how is it	这张光盘很好。	这张光盘怎么样？
怎么 how	这叫苹果。	这个汉语怎么说？
几 how many/much	我们家有五口人。 今天十月二十四号。 明天星期六。	你们家有几口人？ 今天几号？ 明天星期几？
多少 how many/much	我们系有二十八个老师。 一斤香蕉三块二毛钱。	你们系有多少老师？ 一斤香蕉多少钱？

五 语音教学

词组重音（二）

1. 状语一般都重读。例如：

这也是苹果。

我们都在语言学院学习。

状语一般重读。但否定副词作状语，如果不强调否定时，一般不重读。动词后边如有宾语，状语也不重读。例如：

我常常去。

我不去买本子。

星期天我常常跟林娜去商场。

2. 指示代词"这、那"作主语或定语一般要重读。例如：

这是香蕉苹果。

这叫香蕉苹果，那是葡萄。

这个商场很大。

3. 介词结构作状语，而动词后又有宾语时，介词的宾语和动词的宾语都重读，介词轻读。例如：

我跟林娜去商场。

我在语言学院学习汉语。

六 教师参考语法知识

1. 介词词组

介词是一种虚词，它用在名词、代词、名词性词组前，和后边的名词等构成介词词组。汉语的介词有很多是从动词蜕化而来的，所以介词和动词有些共同的特点，而且有一些词兼属动词和介词两类。例如"我在家"和"我在家看书"，前一句的"在"是动词，后一句的是介词。由于介词和动词关系密切，所以我们要弄清介词和动词的区别，弄清介词的语法特征。

第一，介词是虚词，不能单独作谓语，也不能单独回答问题。

第二，动词可以重叠，可以带动态助词（了、着、过），介词不能重叠，不能带动态助词。

第三，介词不能单独充当语法成分，即不能单独作主语、谓语、宾语等，它必须和名词或名词性词组一起构成介词词组，才能充当语法成分。介词后的名词性成分是介词的宾语。

作状语是介词的语法功能之一。

"在"是表示动作、行为发生的处所的介词。"在"后面加上表示地点、场所的名词或名词词组，构成"在……"的介宾词组，放在动词前作状语。如：

　　我在这儿买光盘。

　　你在哪儿工作？

　　他不在语言学院学习。

"跟"是表示动作、行为所协同的对象的介词。"跟"后边加上表示对象的名词或代词，构成介宾词组，作状语。"跟……"的作用是，表示主语和"跟"的宾语共同做某事。如：

　　我跟你去。

　　你跟我来。

2. 双宾语动词谓语句

所谓双宾语句，就是一个谓语动词带有两个宾语，其中一个宾语指人，另一个宾语指物或事。本课所学的双宾语句是最简单的一种——"给"型双宾语。

"给"型双宾语的基本意义是，把某种东西送给某人，即某个东西从一个人转移到另一个人。在"给"型双宾语句中，表示人的词紧跟在动词后，表示物的词在表示人的词之后。根据两个宾语距离动词的远近，表示人的词叫"近宾语"，表示物的词叫"远宾语"。

能够出现在"给"型双宾语句中的动词是有限的，常用的有"给"、"送"、"找"、"还"、"租"（表示给予意义）、"卖"等有"给予"意义的动词。如：

　　您给我二十块钱。

　　我找您十块。

　　我送您一个苹果。

　　我还你一百块钱。

　　他租我一间房子。

　　他卖我两斤水果。

3. 副词"很"

"很"是表示程度的副词，其意义是程度高，常用在形容词谓语句里。当谓语是单音节形容词时，一般要在形容词前加"很"。这时候，"很"的作用主要不是表示程度高，而是使谓语凑成双音节。如：

> 我很忙。
>
> 我很好。
>
> 这个商场很大。

如果把上例中的"很"去掉，整个句子则含有和另一个事物比较的意味。如：

> 我忙。（暗含：别人不忙。）
>
> 我好。（暗含：别人不好。）
>
> 这个商场大。（暗含：那个商场小。）

4. 疑问代词

汉语的疑问代词按性质可以分成两类，一类是名词性的，一类是动词性的。按照所问的方面，疑问代词又可以分为四组。

性质	疑问方面	疑问代词
名词性	人、事物	谁、什么、哪
	时间、处所	多会儿、哪会儿、哪儿、哪里
	数目	多少、几
动词性	形状、方式等	怎么、怎么样、怎样

"谁"和"什么"的用法及在句中的位置和名词完全一样，把陈述句变成疑问句时，只要把所问的名词或代词换成"谁"或"什么"即可。如：

A：谁是你们的老师？　　A：他找谁？

B：张教授是我们的老师。　B：他找我。

A：这是谁的名片？　　　A：这是什么？

B：这是我的名片。　　　B：这是苹果。

A：你学什么专业？　　　A：什么是疑问句？

B：我学美术专业。　　　B：提出问题的句子就是疑问句。

"谁"和"什么"没有单数复数之分，亦即"谁"和"什么"既可以指单数，也可以指复数，这要根据上下文来判断。如：

A：谁是你的朋友？　　　　A：谁是你的朋友？

B：马大为是我的朋友。　　B：马大为、丁力波都是我的朋友。

A：请问，你买什么东西？　A：请问，你买什么东西？

B：我买一斤苹果。　　　　B：我买一斤苹果、三斤葡萄。

"哪"的后面往往要带量词或数量词组，不能单用。"哪"有单数和复数之分，其复数形式是"哪些"。如：

A：哪位是你们的老师？　　A：哪张名片是你的？

B：我是他们的老师。　　　B：那张是我的。

A：哪些学生是语言学院的？

B：我们都是语言学院的。

"哪儿"和"哪里"的意思和用法完全一样，都是问地点、处所的疑问代词，只是口语里多用前者而少用后者。如：

A：他是哪儿人？　　　　　A：马大为在哪儿？

B：他是北京人。　　　　　B：他在宿舍。

A：你们在哪儿学习？

B：我们在语言学院学习。

"多少"和"几"是问数目的词，二者的区别是：

第一，汉语使用十进位。"几"是专门对位数词提问的疑问代词，它问的是某一位数上的数目有多少个。可构成"几＋个、十、百、千、万……"的格式，就特定的位数提问整数，如：几百、几千、几万等；也可放在已知的整位数后提问未知的余数，如"二百二十几？"。

用"多少"只是就整个数目提问，如：

A：有多少人？

B：二百五十人。

而用"几"提问时，在多位数中，除"几"所问到的位数以外，其余位上的数目是已知的。如：

A：有二百二十几个人？

B：二百二十八个人。

还可以问："有二百几十几个人？"回答："二百二十八个人。"

第二，"几"和名词连用时，往往要在中间插入量词。如：

你们家有几口人？

你们家有多少人？

你们学校有几个系？

你们学校有多少个系？

这种苹果几块钱一斤？

这种苹果多少钱一斤？

七 教师参考文化知识：计量单位

中国传统的计量单位是"市制"，现在中国的法定计量单位采用国际单位制。常用的长度和质量（重量）单位及其换算关系见下表。

常用计量单位及换算关系			
	法定单位	市制	换算关系
长度	千米/公里（km）	市里（华里）	1千米=2市里
	米（m）	市尺	1米=3市尺
	分米（dm）		
	厘米（cm）	市寸	1厘米=0.3003市寸
	毫米（mm）		1毫米=0.001米
质量	千克/公斤（kg）	市斤	1千克=2市斤
		两	1两=50克
	克（g）		1克=0.001千克

八 综合练习题中听力练习的部分参考答案与录音文本

CD 3
9
1~3

1 听录音并回答听到的问题。

Listen and answer the questions you hear.

录音文本 ///

① 马大为去商场买什么？　　　④ 香蕉多少钱一斤？

② 他常去商场吗？　　　　　　⑤ "apple"汉语怎么说？

③ 音乐光盘在哪儿买？

2 听对话并判断正误。

Listen to the following dialogue and decide whether the statements are true (T) or false (F).

① 皮鞋很贵。　　　　　　　　（ F ）

② 皮鞋和包一共三百块钱。　（ F ）

③ 顾客没有买包。　　　　　　（ F ）

录音文本 ///

（在商场）

　顾客：这皮鞋多少钱？

售货员：很便宜，一双皮鞋一百块钱。

　顾客：那个包多少钱？

售货员：那个包两百三十七块，有很多颜色。

　顾客：我要一双皮鞋和一个包，一共多少钱？

3 听录音并填空。

Listen and fill in the blanks.

① 你还要<u>什么</u>？　　　④ 一共<u>多少钱</u>？

② 再<u>给</u>你一个橘子。　⑤ 这家商店很<u>大</u>。

③ 我给你<u>五块钱</u>。

我会说一点儿汉语

一　教学目的

1　掌握本课重点句型和重点词语的用法

（1）钟点

（2）能愿动词谓语句（1）：会、能、可以、应该

（3）连动句：表示目的

（4）双宾语动词谓语句（2）：教、问

（5）"一点儿"

（6）"还"（2）：表示现象或动作的继续

2　掌握本课的"问时间"、"表示能力"、"表示允许或禁止"等功能项目，能初步就"乘出租车"以及"学语言"等话题进行交际。

3　了解有关句调的规律，正确掌握朗读和会话中的句调。

二　教学步骤建议（略）

三　内容说明

1. 本课的重点句型是能愿动词谓语句。各个能愿动词本身的意义和功能有交叉，因此句型的运用比较复杂。本书采取分几课出现的方法，并突出每个能愿动词的主要功能，同一课尽量避免意义上的交叉。本课在介绍表示能力的功能时，突出"会"、"能"两个词；表示客观条件允许或禁止时，突出"能"、"可以"；表示情理上或事实上的需要时，则先介绍"应该"，让学习者先抓住主要的、基本的用法。其他如"可以"表示能力、"会"表示需要等，暂不介绍或不重点介绍，有的留待以后再出（第十二课、第十三课继续出，第十四课小结），以免混淆。希望老师们在教本课时也按上述思路，不要另外补充太多的其他能愿动词的用法。

2. 本课的另一个重要语法点是连动句，本课只教其中的一种，即第二个动词表示前一动词所表达的动作的目的，其他连动句式以后教。双宾语动词谓语句本课补充一项：动词为"教"、"问"。时、分、秒的表示法及顺序，需要大量练习才能掌握，教师可用教具钟，在课堂上进行练习。此外还有不定量词"一点儿"和副词"还"两个词语的用法，也是本课练习的重点。

3. 本课提前出现的、暂不分析讲解的句型有：

语言学院到了。——语气助词"了"的用法。

还没有起床。——"还没有"表示应该完成而尚未完成的动作。

学英语不容易。——是动词结构作主语。

四 课本语法与注释

1. 钟点

汉语表示钟点的词有：点（钟）、刻和分，如："八点二十五分"。

汉语钟点的读法是：

2:00　两点（钟）（"点钟"中的"钟"可以省。）

2:05　两点（○）五分（当"分"是个位数时，"分"前可以加"○"。）

2:10　两点十分

2:12　两点十二（分）（当"分"的数字大于10时，"分"可省略。）

2:15　两点一刻　或　两点十五（分）

2:30　两点半　或　两点三十（分）

2:45　两点三刻　或　差一刻三点 或 两点四十五（分）

2:55　差五分三点　或　两点五十五（分）

钟点与年、月、日、星期的顺序是：

| 年 + 月 + 日 + 星期 + 上午 / 下午 / 晚上 + 钟点 |

二〇〇九年　十二月　一日　星期二　　　　　晚上　八点二十五分

2009 年　　12 月　　1日　星期二　　　　　晚上　8:25

2. 能愿动词谓语句（1）：会、能、可以、应该

能愿动词"会、能、可以、应该"等常常放在动词前表示能力、可能或意愿。能愿动词"会、能、可以"都表示有能力做某事。

但"会"特别强调通过学习掌握了某种技巧，"能、可以"则在较广的意义上表示某种能力。

| （不 +） OpV + V O |

Subject	Predicate			
	TW	OpV	V	O
你		会不会	说	汉语？
他		不会	打	球。
我		会	写	这个汉字。
谁		会	游泳？	
他孙女儿		能	教	他英语吗？
马大为	今天	能不能	上课？	
你朋友		能	喝	多少酒？
你		可以不可以	介绍一下你们系？	

"能、可以"还表示客观条件允许或禁止。如：

Subject	Predicate			
	TW	OpV	V	O
我们	八点	能不能	到	那儿？
我	明天	不 能	上	课。
（我）		可以	进来	吗？
这儿		不 可以	吃	东西。

能愿动词"应该"表示情理上或事实上的需要。如：

Subject	Predicate		
	OpV	V	O
他	应该	来 上	课。
你	不 应该	去	那儿。

注意： (1) 带能愿动词的句子，正反疑问式（V/A-no-V/A）通常是并列能
愿动词的肯定和否定形式，即：

OpV	+	不	+	OpV	+	V	O
会		不		会		说	汉语
能		不		能		去	
可以		不		可以		介绍	

(2) "能、可以"的否定形式一般都是"不能"。只有在表示禁止的意思时，
才能说"不可以"，如"不可以吸烟"。而"你可以不可以介绍一下你们
系？"这个问题的回答如果是否定的，应该是"我不能介绍我们系"。不
能说："我不可以介绍我们系"。

(3) 简短地回答问题，可以只用能愿动词。如：

A：你会说汉语吗？   A：可以进来吗？

B：不会。   B：可以。

(4) 有的能愿动词同时也是一般动词。如："他会英语。""我要咖啡。"

3. 连动句：表示目的

在动词谓语句里，同一个主语可能带有几个连用的动词或动词词组，而且
这些动词结构的先后顺序是固定的。本课介绍的连动句中，后一动词往往是前
一动词所表达的动作的目的。如：

$$S + V_1 O + V_2 O$$

Subject	Predicate				
	TW	V₁	O	V₂	O
我	现在	回	学院	上	课。
他	下午	去不去	朋友家	玩儿?	
他	下午	不去	朋友家	玩儿。	

90

4. 双宾语动词谓语句（2）：教、问

"教"、"问"这类动词后边也可以带两个宾语。如：

Subject	Predicate		
	V	Object 1	Object 2
他孙女儿	教	他	英语。
哪个老师	教	你们	中国文化？
他	问	我	一个问题。
他	问	你	什么？

5. "一点儿"

"一点儿"是表示"少量"的不定量词，用来修饰名词。当语言环境清楚时，它所修饰的名词可以省略：

A：您会说汉语啊！

B：我会说一点儿（汉语）。

"一点儿"不在句首时，"一"可以省略。如："吃（一）点儿烤鸭"、"喝（一）点儿酒"、"看（一）点儿书"等。

6. "还"（2）

我们已经学过"还"的第一个用法是有所补充。"还"的第二个用法是表示一种现象的继续存在或一种动作继续进行。如：

晚上十一点他还工作。

他现在还不能看中文报。

他还没有起床。

五　语音教学

1　词组重音（三）

长句一般可以先分为几个词组，再按照词组分析重音。（本书用"//"表示词组分节号。）例如：

我 // 常常在家 // 学点儿英语。

② 句调（一）

　　汉语中有两种基本句调：高句调和低句调。高句调是全句较为均衡地升高，低句调是全句较为均衡地降低。汉语的句调要注意贯穿全句。无论升高或降低都必须保持音节原来的声调。

　　汉语句调尾音的升高或降低，在句尾非轻读音节上表现得很明显。高句调的句尾除了升高的以外，也有降低的；低句调的句尾除了降低的以外，也有升高的。

　　1. 带"吗"的疑问句读高句调，句尾升高。例如：

　　　　请问，您是我们学院的老师吗？↗

　　　　你们都好吗？↗

　　　　我们八点能到吗？↗

　　2. 陈述句读低句调，句尾降低。例如：

　　　　我去语言学院。↘

　　　　马大为今天不能来上课。↘

　　　　我是学生，现在回学院上课。↘

　　3. 用语气助词"啊"表示感叹的语气一般读低句调，语速慢，句尾降低，尾音拉长。例如：

　　　　你会说汉语啊！↘

　　　　蛋糕真漂亮啊！↘

六　教师参考语法知识

1. 能愿动词谓语句

　　能愿动词数量有限，但用法复杂，其中基本功能是表示意愿和可能。能愿动词的语法特征和非动作动词相近，主要有以下几个：

　　第一，能愿动词能够单独作谓语。如：

　　　　A：你会说汉语吗？

　　　　B：会。

第二，能用正反疑问句的方式提问。如：

　　你会不会汉语？

第三，能愿动词可以受某些副词的修饰，如：

　　他很能喝酒。

　　我可以去，你也可以去。

　　我不太会打篮球。

第四，能愿动词的宾语一般不能是名词或名词性词组，而只能是动词、形容词或谓词性词组。如：

　　你会不会说汉语？

　　我会游泳。

　　你可（以）不可以介绍一下你们系？

第五，能愿动词不能重叠，不能带"了"、"着"、"过"等动态助词。

"能"有以下几个主要意义：

（1）表示主观上有某种能力：

　　我能看中文书。

　　我能帮助你学汉语。

　　马大为能说好几种语言。

　　A：你的朋友能喝多少酒？

　　B：五瓶。

（2）表示具备客观条件：

　　八点以前我们能到学校。

　　他感冒了，不能去上课。

　　天气太暖和，水不能结冰。

（3）表示情理上许可，一般用于疑问句和否定句：

　　你病了，不能去上课。

　　这是别人的钱，我不能花。

　　好人不会干坏事。

（4）表示"准许"，多用于疑问句和否定句：

> 我能用一下你的词典吗？
>
> 办公室里不能吸烟。

"可以"有以下几个主要意义：

（1）表示"准许"或情理上许可：

> 你可以介绍一下你的家庭吗？
>
> 我可以进来吗？
>
> 这儿不可以吃东西。
>
> 教室里不可以吸烟，休息室里可以。

（2）表示主客观条件容许做某事：

> 他可以说三种外语。
>
> 天气暖和了，可以游泳。
>
> 八点以前我们可以到学校。

（3）表示"值得"：

> 这本书不错，你可以看看。
>
> 这个曲子很有名，你可以听听。

2. 连动句

有时句中可以连用两个或两个以上的动词或动词词组，几个动词或动词词组共用一个主语，这样的句子叫"连动句"。连动句的结构特点有两个：

第一，连动句中动词或动词词组之间的次序是固定的，不能任意改变。如果任意改变这个次序，句子的意义或结构就会发生改变，有时甚至会出现病句。

第二，连动句的主语多是施事，即动作行为的发出者。

连动句有不同的类型，本课所学的是其中的一种，其意义是后一动词（或词组）表示前一动作的目的。

> 我回学校上课。（"回学校"的目的是"上课"。）
>
> 他下午去朋友家玩儿。（"去朋友家"的目的是"玩儿"。）

我打电话叫他来吃饭。

（"打电话"的目的是"叫他"，"他来"的目的是 "吃饭"。）

我去中关村买一台电脑玩儿游戏。

（"去中关村"的目的是"买电脑"，"买电脑"的目的是"玩儿游戏"。）

3. 双宾语动词谓语句："教"型

双宾语，我们已经学过"给"型，现在来学"教"型。能够带"教"型双宾语的动词，常见的有"问、教、告诉、回答、通知、答应、报告"等，这类动词有一个共同特点，即都和说话有关，其基本意义是"叙说"。"教"型双宾语的基本意义是，用说话或类似方式使某人知道某事。这种句子的近宾语多是人，远宾语则表示事情。如：

我问你一个问题。

他教我们汉语。

我告诉你一个好消息。

他回答了我们几个问题。

办公室通知大家几件事。

你必须答应我们几个条件。

我向你报告一个情况。

七 教师参考文化知识：谦辞

面对称赞，中国人往往表现出谦虚，相应地，汉语里有一些表示谦虚的说法，叫"谦辞"，"哪里"就是一个谦辞。当别人称赞、夸奖我们时，我们常说"哪里哪里"。如：

A：你的汉语很不错。　　　A：你的衣服真漂亮。

B：哪里哪里。　　　　　　B：哪里哪里。

"哪里"是"您说到哪里去了"的缩略形式，意思是你对我的评价过高了。我本来在"这里"（这个水平、程度等），而你称赞说我到了"那里"（比我的实际水平高），于是我说，你说得不符合实际，即"你说到哪里去了"，其简略形式是"哪里"。当然，这不说明中国人不愿意接受赞美，也不是说我真的认为你的称赞言过其实，而只是中国人面对称赞的一种谦虚的表示。习俗文化随着时代在不断变化，现在中国年轻人大多数习惯用"谢谢"来回答别人的夸奖。

八 综合练习题中听力练习的部分参考答案与录音文本

CD 3
12
1~3

1 听录音并回答听到的问题。

Listen and answer the questions you hear.

录音文本 ///

① 你会说汉语吗？

② 现在几点？

③ 你今年多大？

④ 谁教你学汉语？

⑤ 你们几点上课？

2 听对话并判断正误。

Listen to the following dialogue and decide whether the statements are true (T) or false (F).

① 女士八点半上课。 （ T ）

② 现在七点。 （ F ）

③ 司机可以开快点儿。 （ F ）

录音文本 ///

女士：请问，现在几点？

司机：差一刻八点。

女士：师傅，你能不能快点儿？

司机：你几点上课？

女士：我八点半上课。

司机：没有办法，现在堵车。

3 听录音并填空。

Listen and fill in the blanks.

1 我会说<u>一点儿</u>汉语。

2 你们<u>九点</u>上课。

3 现在<u>差五分九点</u>。

4 我的<u>英语</u>不好。

5 我<u>应该</u>来。

我全身都不舒服

一　教学目的

1　掌握本课重点句型和重点词语的用法

(1) 主谓谓语句

(2) 选择疑问句

(3) 能愿动词谓语句 (2)：要、想、愿意

(4) 代词"每"

(5) "跟 + N + 一起"

(6) 介词"给"

(7) "有（一）点儿"

2　掌握本课的"谈身体状况"、"表示意愿"、"表示必要"等功能，能初步就"看病"的话题进行交际。

3　了解有关句调的规律，正确掌握朗读和会话中的句调。

二　教学步骤建议（略）

三　内容说明

本课重点句型是主谓谓语句（只介绍其中的一种，其他主谓谓语句以后会陆续出现）和选择疑问句。能愿动词谓语句介绍"要"、"想"、"愿意"等表示意愿的动词以及"要"表示事实上的需要。其余均为词语的用法："每"、"跟 + N + 一起"、"给"（介词）、"有（一）点儿"等。初学者常把"有（一）点儿"与"一点儿"的用法弄混，需要提醒一下。

四 课本语法与注释

1. 主谓谓语句

主谓谓语句的谓语主要成分是一个主谓结构。在很大一部分主谓谓语句中，主谓结构的主语（Subject 2）所指的人或事物常常是全句主语（Subject 1）所代表的人或事物的一部分。例如：

Subject 1	Predicate 1	
	Subject 2	Predicate 2
马大为	头	疼。
他	全身	都 不 舒服。
你	身体	好 吗？
宋华	学习	怎么样？
今天	天气	冷不冷？

否定副词"不"常放在主谓结构的谓语（Predicate 2）的前边。正反疑问句也是并列谓语（Predicate 2）的肯定和否定形式。

2. 选择疑问句

选择疑问句用连词"还是"连接两种可能的情况 A 和 B，由回答的人在 A 和 B 中选择其一。例如：

Question			Answer
Alternative A	还是	Alternative B	
现在去	还是	下午去？	现在去。（Alternative A）
你看病	还是	他看病？	他看病。（Alternative B）
你愿意吃中药	还是	愿意吃西药？	我愿意吃中药。（Alternative A）
你是老师	还是	学生？	我是学生。（Alternative B）

3. 能愿动词谓语句（2）：要、想、愿意

能愿动词"要"和"想"都表示主观的意愿和要求，基本意思一样。有时"要"更强调具体做某事的意志、要求（否定形式是"不想"）；"想"侧重于打算、希望。例如：

我要吃烤鸭。

我想去北京吃烤鸭。

"愿意"也是表示一种意愿，常常是因符合自己的心愿而同意做某事或希望发生某事。例如：

Subject	Predicate		
	OpV	V	O
马大为	要	睡觉。	
丁力波	想	学习	美术。
他	不 想	去	医院。
她	愿意不愿意	参加	聚会？

能愿动词"要"还表示事实上的需要，否定形式是"不用"。例如：

他要不要住院？

A：明天天气怎么样？要多穿衣服吗？

B：明天不用多穿衣服。

4. 代词"每"

代词"每"修饰名词时，也要在名词前用量词。如"每个学生"、"每斤苹果"。但"天"、"年"等名词前不需要量词，只能说"每天"、"每年"。"月"前可以用也可以不用量词，如"每月"、"每个月"。"每"在句子中常常与"都"连用，如"他每天都来学院"、"我每月都回家"。

5. "跟 + N + 一起"

介词结构"跟 + N"放在动词前边作状语时，常常跟副词"一起"连用，成为"跟 + N + 一起"。如："他跟他朋友一起做练习。""他跟宋华一起锻炼。"

6. 介词"给"

"给"是动词（见第十课），也是介词。介词"给"和它后面的名词或词组（一般是受动者）组成介词结构，用在谓语动词的前边说明动作的对象。

7. "有（一）点儿"

"有（一）点儿"（"一"常常省略）用在某些形容词或动词前作状语，表示轻微的程度。用在形容词前还常有不如意或否定的意思。如"有点儿不高兴"、"有点儿贵"、"有点儿晚"等。

注意："有一点儿"与"一点儿"用法不一样。"有一点儿"作状语，修饰后面的形容词或动词；"一点儿"作定语，修饰名词，如"一点儿东西"、"一点儿钱"、"一点儿书"等。"一点儿+N"常放在动词后面作宾语，如："我去买一点儿东西"。"一点儿"不能代替"有一点儿"，如：

他有点儿不高兴。（不能说"他一点儿不高兴。"）

我有点儿发烧。（不能说"我一点儿发烧。"）

五　语音教学

句调（二）

1. 由能愿动词肯定式与否定式构成的正反问句，一般读高句调，其中肯定式重读，否定式轻读，句尾降低。在答句中，能愿动词要重读。例如：

A：他要不要住院？↘

B：他不用住院。↘

A：我能不能问您一个问题？↘

B：可以。↘

2. 选择问句中，选择部分重读，连词"还是"轻读。全句可分为两个部分："还是"以前的部分读高句调，句尾上升，可以稍有停顿；"还是"以后读低句调，句尾降低。例如：

现在去↗还是下午去？↘

你愿意吃中药↗还是愿意吃西药？↘

六 教师参考语法知识

1. 主谓谓语句（1）

主谓谓语句是汉语特有的一种句式，其结构特点是，谓语是由一个主谓结构构成，换句话说，主谓谓语句中包含两个主谓结构：全句是一个主谓结构，而谓语又是一个主谓结构。因此，主谓谓语句中就有两个主语，一个是全句的主语，在前，我们称为"大主语"；另一个是作谓语的主谓结构的主语，在大主语后，我们叫"小主语"。小主语和大主语有一定的关系。

主谓谓语句有几种类型，本课先讲第一种。这种主谓谓语句的特点是，小主语是大主语的所属部分，或小主语是大主语的一个方面。这类句子的用途是对人或事物本身，从某一方面进行说明、描写、评议或判断。如：

他头疼。——"头"是"他"的一部分。

你身体好吗？——"身体"是"你"的部分。

宋华学习很好。——"学习"是"宋华"表现的一个方面。

汉语发音不难，汉字难。——"发音"和"汉字"是汉语不同的方面。

在主谓谓语句中，整个句子和作谓语的主谓结构中，都可以有状语。状语位置不同，修饰的范围不同，意义上也有差异。如：

昨天我肚子疼。

我昨天肚子疼。

我肚子昨天疼，今天不疼。

宋华一直学习很好。

宋华学习一直很好。

2. 选择疑问句

当我们就两种可能的情况之一提出问题时，可以用选择疑问句。选择疑问句是用连词"还是"连接两种可能的情况，"还是"的意思相当于"或者"。如：

你去还是他去？

你看病还是他看病？

有时候可选择的情况也可能多于两种，如：

　　　你喝茶、咖啡，还是可乐？

3. 能愿动词谓语句（2）

本课讲能愿动词"要"、"想"、"愿意"。

"要"的主要意思侧重于表示意愿，"想"侧重于表示打算。

　　　丁力波要学习美术。

　　　丁力波想学习美术。

"愿意"表示主观意愿。如：

　　　丁力波愿意学美术，不愿意学经济。

七　教师参考文化知识：中国的医院

中国的医院以公立为主，私立医院或私人诊所目前还很少，规模也小。和欧美的医院不同，中国的医院是医、药不分的。病人到医院看病，医生作出诊断，给他开出处方，然后病人到医院的药房去付药费、取药，不是病人拿着医生的处方，到街上的药店去买药。

中国也有药店，如果得了小病，人们也常常去药店买药，而不去医院。中国区分处方药和非处方药，处方药必须凭医生的处方才能买，非处方药则不必。

八　综合练习题中听力练习的部分参考答案及录音文本

CD 4
3
1～3

1　听录音并回答听到的问题。

Listen and answer the questions you hear.

录音文本

①　马大为为什么不能上课？

②　马大为是头疼还是肚子疼？

③　马大为愿意去医院吗？

④　马大为去医院还是没去医院？

⑤　马大为要住院吗？

2 听对话并判断正误。

Listen to the following dialogue and decide whether the statements are true (T) or false (F).

① 病人是脑子有病。　　　（ F ）

② 病人没有发烧。　　　　（ F ）

③ 病人嗓子发炎。　　　　（ F ）

④ 病人是感冒。　　　　　（ T ）

录音文本 ///

医生：你哪儿不舒服？

病人：医生，我全身都不舒服。

医生：你有点儿发烧。

病人：我脑子很清楚，没有发烧。

医生：你是身体有病，不是脑子有病。

病人：我是什么病？

医生：你感冒了。

3 听录音并填空。

Listen and fill in the blanks.

① 我头疼。

② 今天天气很冷。

③ 全身不舒服。

④ 你看病还是他看病？

⑤ 你哪儿不舒服？

我认识了一个漂亮的姑娘

一 教学目的

1 掌握本课重点句型和重点词语的用法

（1）助词："了"

（2）兼语句

（3）能愿动词谓语句（3）：可能、会

（4）能愿动词小结

（5）形容词"多"和"少"作定语

（6）"人称代词／名词＋这儿／那儿"表示处所

（7）动词或动词词组作定语

2 掌握本课的"租房"、"征求建议"、"打电话"、"邀请"等功能项目，能初步就"租房"的话题进行交际。

3 了解有关词重音、词组重音和句调的规律，在朗读和会话中能正确运用。

二 教学步骤建议（略）

三 内容说明

1. 本课的重点句型是用动态助词"了"表示动作完成的句子。关于助词"了"的用法本课只介绍其中一种。本课出现的是最容易理解的，即紧跟在动词之后表示该动作已完成的"了"，希望暂不要扩展到"了"的其他用法。本课还要让学习者养成这样的习

105

惯，即在动词带"了"以后，其宾语不能是非常简单的（如一个名词），而是要有附加成分，用得最多的是数量词定语。

2. 本课能愿动词又增加一项，即表示可能性的"可能"与"会"。本课对已学过的能愿动词进行了小结，主要是按功能将能愿动词简明地归类，特别注意区分同一能愿动词的不同功能。要特别注意能愿动词的否定式和疑问式，可以让学习者将课本中所附的（小结）表配上例句。此外，本课还介绍了几个重点词语的用法。

四 课本语法与注释

1. 助词"了"

助词"了"加在动词后边，表示动作的实现或完成。例如：

比较：

你买了几个苹果？

(How many apples have you bought?)

你买几个苹果？

(How many apples are you going to buy?)

我买了五个苹果。

(I have bought five apples.)

我买五个苹果。

(I'm going to buy five apples.)

带助词"了"的动词如果后边有宾语，这个宾语一般要带定语，最常带的定语是数量词或形容词、代词。如：

V + 了 + Nu-M / Pr / A + O

Subject	Predicate					
	Verb	了	Nu - M /	Pr /	A	Object
我们	看	了	一 套			房子。
王小云	买	了	两 瓶			酒。
马大为	认识	了	一 个		漂亮的	姑娘。
大为	吃	了			很多	中药。
我	介绍	了		那位		教授。
他	看	了			有名的	京剧。
她朋友	租	了		她的		房子。

　　如果宾语是不带定语的简单宾语（如"他买了苹果"或"大为得了感冒"），后面需要有其他成分，才能构成完整的句子。如：

　　　听说你得了感冒，现在你身体怎么样？

　　　我去了医院，也吃了很多中药。

　　这种句子的否定式是在动词前加"没（有）"，同时要去掉动词后面的"了"。（不能用"不"否定）。如：

　　　没有 ＋ Ｖ Ｏ

　　　我们没有找经理。

　　　他没买酒。

　　正反疑问句式是"Ｖ＋没＋Ｖ"，或者用"Ｖ＋了没有"。如：

　　　Ｖ ＋ 没 ＋ Ｖ Ｏ

　　　你们看没看房子？

　　　你们找没找经理？

　　　Ｖ＋了＋Ｏ＋没有

　　　你们看了房子没有？

　　　你们找了经理没有？

　　注意：动作的完成只表明动作本身所处的阶段，它与动作发生的时间（过去、现在或将来）是不同的。完成的动作常常发生在过去，但也可以发生在未来。例如：

　　　明天下午我买了本子再去吃饭。

　　　(Tomorrow afternoon I'll have supper after I have bought the notebooks.)

　　而过去时间的动作并不一定都用动态助词"了"。如果是过去经常性的动作，或者只是一般地叙述过去的动作，并不强调它是否完成时，都不用动态助词"了"。例如：

　　　过去（in the past）他常常来看我，现在他不常来看我。

　　　去年（last year）我在美术学院学习美术。

2. 兼语句

兼语句也是一种动词谓语句，其谓语由两个动词结构构成，前一个动词的宾语又同时是后一个动词的主语。兼语句的前一个动词常常是"请"、"让"一类的带有使令意义的动词。

"请"和"让"都有要求别人做某事的意思，"请"用于比较客气的场合。"请"还有邀请的意思，例如：

晚上我们请你和你朋友吃饭。

Subject	Predicate			
	Verb 1	Object 1 (Subject 2)	Verb 2	Object 2
宋华	让	陆雨平	来帮助	他们。
陆雨平	请	经理	帮助	马大为。
妈妈	不让	她	喝	咖啡。

3. 能愿动词谓语句（3）：可能、会

能愿动词"可能"表示可能性。"会"除了表示"能力"以外，也能表示可能性。例如：

今年八月他可能去上海。

现在八点，他不可能睡觉。

明天他会不会来上课？

他得了感冒，明天不会来上课。

4. 能愿动词小结

我们已经学过的能愿动词有：

意愿 intention	想/不想/想不想	要/不想/要不要	愿意/不愿意/愿意不愿意
必须 necessity		要/不用/要不要	应该/不应该/应该不应该
允许 permission		能/不能/能不能	可以/不可以/可以不可以
能力 ability	会/不会/会不会	能/不能/能不能	可以/不能/可以不可以
可能 possibility	会/不会/会不会		可能/不可能/可能不可能

108

5. 形容词"多"和"少"作定语

形容词"多"和"少"作定语时，前面一定要加上副词，如"很"等。要说"很多中药"、"很多学生"，不能说"多中药"、"多学生"。"很多"后面的"的"可以省略。

6. "人称代词/名词 + 这儿/那儿"表示处所

动词"来、去、到、在"以及介词"在"等的宾语，一般是表示处所的词语。不表示处所的人称代词或名词，必须在后面加上"这儿"或"那儿"才能表示处所，作上述动词及介词的宾语。如"来我这儿"，"去力波那儿"，"到我朋友那儿"，"在老师这儿"。不能说"来我"或"在老师"等。

7. 动词或动词词组作定语

动词或动词词组作定语必须加"的"。如"有厨房的房子"，"给她的蛋糕"，"今天来的人"等。前边已经学过，定语一定要放在被修饰的词语的前边。

五 语音教学

1 词的重音（四）

1. 带词尾"子"的双音节词，前一个音节重读，"子"读轻声。例如：

本子　　　嗓子　　　房子

2. 结构助词"的"永远读轻声。例如：

漂亮的姑娘　　　我的女朋友　　　我的宿舍

公司的房子　　　合适的房子　　　一套有厨房和厕所的房子

2 词组重音（二）

兼语句

* 兼语 + 动词，动词重读。例如：

我们请你参加。

* 兼语 + 动词 + 宾语, 宾语重读。例如:

让他帮助<u>我们</u>。

3 句调〔三〕

1. 用疑问代词的疑问句一般读高句调, 疑问代词重读, 句尾降低。例如:

什么事儿? ↓

我应该怎么办? ↓

哪一位? ↓

2. 用 "……了没有" 格式的正反问句, 全句的句调比较高。"没有" 轻读, 句尾降低。例如:

你们找了经理没有? ↓

你吃了饭没有? ↓

3. 句尾用 "好吗" 的问句全句句调可以分为两个部分。"好" 字前读低句调, 但这一部分的最后不是下降而是稍稍升高。在 "好" 前稍有停顿。"好" 字重读, 尾音拉长稍升, 与 "吗" 构成句尾上升的高句调。例如:

星期六我跟你一起去租房公司, 好吗? ↑

我们去游泳, 好吗? ↑

六　教师参考语法知识

1. 动态助词 "了"

动态助词 "了" 表示动作、行为的完成, 只出现在动词后。

在以下几种情况下, 一定要用 "了"。

(1) 表示动作或行为在某一时刻已经完成或实现时, 动词后要用 "了"。

我昨天看了一本小说。

上星期, 我们学了六课。

昨天我丢了一个钱包。

110

（2）当一个动作或行为实现后，又出现（或将要出现）另一个情况时，第一个动词后要用"了"。

> 学了汉语，我就能看中国的电影了。

> 马大为认识了一个漂亮姑娘，就立刻追求她。

"了"只表示动作的实现或完成，与动作发生的时间没有必然的关系，因此，"了"既可以表示过去完成的动作，也可以表示将来完成的动作。如：

> 明天我下了课就去找你。

2. 兼语句

兼语句是由一个动宾结构和一个主谓结构套在一起构成的，即前一个动宾结构的宾语作后一个主谓结构的主语。如：

> 我请你来。

上句中，"你"是"请你"中的宾语，又是"你来"中的主语，一个词兼作两种成分，所以上句中的"你"叫做"兼语"，具有这种结构的句子叫做"兼语句"。

兼语句的语法特点：

第一，第一个动词一般不能带"了、着、过"等动态助词。

第二，兼语主要由有生命的名词和代词充当，而且是第二个动词的施事。

从意义上看，兼语句分为几种类型，本课所学的兼语句表示使令意义。在这种句子中，第一个动词是表示使令意义的动词，如："使、请、让、叫、派"等。第一个动词所表示的动作是兼语所作动作的原因，也就是说，兼语的行为是第一个动词所示动作引起的。如：

> 宋华让陆雨平来帮助他们。

> 陆雨平请经理帮助马大为。

> 妈妈不让她喝咖啡。

3. 能愿动词（3）：可能、会

"可能"表示客观上的可能性，这是它和"能"的区别（"能"主要表示主观能力或客观条件）。"可能"一般用于未然的动作或虚拟的情况。如：

111

今天可能下雨。

现在八点，他不可能睡觉。

他可能不认识这个人。

"会"表示可以实现。和"可能"不同的是，"会"既可用于未然的情况，也可用于已然的情况。如：

明天他会不会来上课？

他去了上海，明天不会来上课。

我没想到你今天会来上课。（已经来了）

七 教师参考文化知识：男朋友、女朋友

在恋爱阶段，我们称恋爱对象为"男朋友"和"女朋友"，如"你有没有男朋友（或女朋友）啊？"如果不特意说明性别，也可称"对象"，如"他（她）的对象是个教师"。

结婚以后，过去多用"爱人"指配偶，既可以指自己的妻子或丈夫，也可以指别人的妻子或丈夫，现在也还有很多人这样说。

八 教师参考综合练习题中听力练习的部分参考答案及录音文本

CD 4
6
1～3

1 听录音并回答听到的问题。

Listen and answer the questions you hear.

录音文本

① 马大为找没找女朋友？

② 他去哪儿租房子？

③ 他看房子了吗？

④ 你租没租房子？

2 听短文并判断正误。

Listen to the following passage and decide whether the statements are true (T) or false (F).

1 马大为的女朋友很漂亮。 （ T ）

2 林娜和丁力波在学院认识了小燕子。 （ F ）

3 马大为不想告诉他的朋友他有了女朋友。 （ F ）

录音文本

中国的女孩子真漂亮

马大为有了女朋友，他很想告诉他的朋友们。星期一，他病了，林娜和丁力波去医院看他。在医院，他们看见一位很漂亮的中国姑娘。马大为很高兴，他说："我给你们介绍一下，这是我的女朋友，她叫小燕子。"丁力波说："认识你很高兴。"小燕子说："认识你们，我也很高兴。"

3 听录音并填空。

Listen and fill in the blanks.

1 我<u>请</u>你们吃饭。

2 他们找了<u>租房</u>公司。

3 我<u>认识</u>了一个漂亮姑娘。

4 你去看病<u>了</u>吗？

5 林娜，<u>告诉</u>你一件事。

第十四课
Lesson 14　　**祝你圣诞快乐**

复习

一　教学目的

1 复习本书的重点句型和重点词语的用法

　　本课为复习课，除了介绍主谓结构作定语及"问……好"结构两个新的语法点外，主要是复习第七课到第十三课所学的重点句型和重点词语的用法，并着重归纳以下几个方面：

　　　　(1) 主语、谓语、宾语、定语和状语

　　　　(2) 四种汉语句子

　　　　(3) 六种提问方法

　　　　(4) 定语和结构助词"的"

2 掌握"抱怨与致歉"、"转达问候"和"节日祝愿"等功能项目，能初步就"打电话谈每天的生活"及"节日"的话题进行交际。

3 了解有关句调的规律，在朗读和会话中能正确运用。

二　教学步骤建议

1. 复习检查

2. 新课的准备——词语教学

　　在上一课已布置预习本课生词的基础上，通过范读、领读、轮读、抽读等方式，让学习者进一步掌握生词。注意对组成生词语素的分析和连词组的练习，加深学习者对词义的理解和记忆，并为学习句子打好基础。

　　在进行词语教学时，要特别提醒学生第4课学过的"学生"的"生"读音为轻声，而本课所学"留学生"的"生"为本调。

　　朗读课文或放课文录音1～2遍，了解本课情境。

3. 重点句型和词语的教学

引入本课的两个新语法点，经过机械性操练到活用的练习，最后对规则进行总结。

4. 讲练课文

5. 语音教学

6. 语法复习

根据本课"语法"部分总结的内容（也可以选择其中的一部分），运用综合练习题中的练习材料，对主要句型进行练习。

7. 功能项目复习

根据本课功能项目的小结（也可以选择其中的一部分），运用综合练习题中的练习材料，对主要功能项目进行复习。

8. 布置作业。

三 内容说明

本课除了要求掌握的生词和语法点外，新的内容不多。课文内容重现本册所学的主要句型和功能项目，对全册作一次总的复习。

四 课本语法和注释

1. 主语、谓语、宾语、定语和状语（供教师复习参考）

汉语的句子一般可以分为主语和谓语两大部分。

主语的主要成分常常是名词或代词，谓语的主要成分常常是动词或形容词等。主语一般在谓语的前边。例如：

Subject	Predicate
老师	好。
我	是学生。
他	去看电影。

在对话中，主语常常省略。例如：

A：你学习什么？

B：（我）学习汉语。

如果语言环境清楚，谓语也可以省略。例如：

A：你忙吗？

B：我很忙，你呢？

宾语是谓语的一部分，通常在动词的后边。宾语一般是名词或代词，有的动词还可以有两个宾语。例如：

Subject	Predicate	
	V	O
他	是	加拿大人。
我	认识	他。
杨老师	教	我汉语。

定语主要修饰名词。名词、代词、形容词、数量词等都可作定语。定语必须放在它所修饰的名词之前。

状语主要是修饰动词或形容词的，副词、形容词、名词及介词结构都可以作状语。状语必须放在它所修饰的动词或形容词的前边。例如：

Subject	Predicate		
	Adverbial	V	O / A
我们	都很		忙。
我	多	穿了点儿衣服。	
他	星期天	去	商场。
我朋友	在宿舍	写	汉字。

2. 四种汉语句子

汉语中带有主语和谓语的单句，按照谓语主要成分的不同可以分为以下四种：

（1）动词谓语句

动词作谓语主要成分的句子在汉语中占绝对优势，它的情况也比较复杂。我们已经接触到好几种动词谓语句，以后还将介绍更多的动词谓语句。例如：

林娜的男朋友是医生。

他有一个姐姐。

我们学习汉语。

她回学院上课。

我们请他吃饭。

(2) 形容词谓语句

以形容词为谓语主要成分的句子不需要再加"是"。例如:

我很好。

他这两天太忙。

(3) 名词谓语句

名词谓语句直接用名词、名词词组或数量词作谓语的主要成分,而不用动词"是"。这种句子特别用来表示年龄、价格等,口语中也用来表示时间、籍贯等。例如:

马大为二十二岁。

一斤苹果两块五。

现在八点半。

今天星期天。

宋华北京人。

(4) 主谓谓语句

我们已经学过的主谓谓语句里,主谓结构中的主语所代表的事物常常是全句主语所代表的事物的一部分;主谓结构对全句的主语起描写、说明的作用。例如:

你身体怎么样?

我头疼。

他学习很好。

3. 六种提问方法

(1) 用"吗"提问

这是用得最多的问句。提问者对答案有一定的估计。如:

您是张教授吗？

你现在很忙吗？

明天你不来学院吗？

(2) 正反疑问句

这也是用得很多的问句。提问者对答案没有估计。如：

你朋友认识不认识他？

你们学院大不大？

你有没有弟弟？

他去没去那个公司？

(3) 用疑问代词的问句

这种问句用来具体提问 "谁"、"什么"、"哪"、"哪儿"、"怎么"、
"怎么样"、"多少"、"几" 等。如：

今天几号？

他是哪国人？

他的房子怎么样？

(4) 用 "还是" 的选择问句

提问者估计答案有两种（或更多的）可能性，让对方选择。如：

他是英国人还是美国人？

我们上午去还是下午去？

你喜欢香蕉还是喜欢苹果？

(5) 用 "好吗？"（或 "是不是？"、"是吗？"、"可以吗？"）的问句

用 "好吗？"、"可以吗？" 的问句常常用来提出建议，征求对方的意
见；用 "是不是？"、"是吗？" 的问句常表示提问者已对某事有一种估
计，需要进一步明确。如：

我们去锻炼，好吗？

您学习汉语，是不是？

(6) 用 "呢" 的省略式问句

这种问句所问的内容必须在上文中已经表明。如：

我很好，你呢？

他上午没有课，你呢？

4. 定语和结构助词"的"

定语和它所修饰的中心语之间，什么时候要加"的"？我们已经学过以下的规则：

（1）名词作定语表示领属关系，一般都要加"的"。如："张教授的名片"、"妈妈的电话"、"外语系的学生"。名词作定语说明中心语的性质，一般不用"的"。如："中国人"、"汉语学院"、"生日蛋糕"。

（2）人称代词作定语表示领属关系，一般要加"的"。如："我的书"、"你的照片"、"他的名字"。人称代词所修饰的中心语表示亲友称谓或所属单位，一般不用"的"。如："我爸爸"、"你们家"、"他们学院"。

（3）数量词（或指示代词和量词）作定语，不用"的"。如："三十五个学生"、"两斤苹果"、"这间房子"。

（4）单音节形容词作定语，不用"的"。如："男朋友"、"小狗"、"红酒"。双音节形容词作定语，一定要加"的"。如："有名的音乐"、"可爱的贝贝"。

（5）动词、动词结构、主谓结构作定语一定要加"的"。如："来的人"、"有厨房的房子"、"你住的宿舍"。

五 语音教学

1 句调（四）

用语气助词"呢"构成的简单问句，如果"呢"前边是一个单音节词，这个词要重读，尾音拉长，稍微降低，与"呢"构成句尾下降的高句调。例如：

圣诞节我和你爸爸想去欧洲旅行，你呢？↘

我很好，你呢？↘

2 三个以上的三声连读变调

三个以上的三声字相连，可以按语法关系划分音段（本书用"/"符号表示），先分成一个、两个或三个音节一组，然后再根据三声变调规律来念。紧

119

连在一起的，前一个读第二声。稍有都停顿的读半三声。例如：

我给你/买本子。

（"给"、"买"都读第二声，"我"、"你"、"本"读半三声。）

我/也想买/一个本子。

（"我"、"也"读半三声，"想"读第二声，"买"读半三声。）

六　教师参考语法知识

1. 句子成分

汉语的句子以主语和谓语为核心成分，绝大多数句子都是具有主语和谓语的，我们称为"主谓句"。有少数句子可以没有主语或谓语，我们称为"非主谓句"。

主语和谓语是句子的主要成分，主语是陈述、描写的对象，而谓语是对主语的陈述和描写。宾语、定语、状语、补语部是句子的附加成分，其作用各有不同。

谓语中如果有宾语，就一定有动语（或称述语）。动语表示动作行为，宾语是动语的附加成分，它表示动作行为所支配、所关涉的对象。如"我写字"，"写"是动语，"字"是宾语。

定语是名词性词语里中心语前面的修饰语，在句子中常出现在主语和宾语前，起修饰、限定的作用。

状语是谓词（动词、形容词）性词语里中心语前面的修饰语，在句子中常出现在谓语前，说明动作发生的时间、地点、方式等。

补语是谓词（动词、形容词）性词语里中心语后面的补充成分，在句子中常出现在谓语后面，多由谓词性词语充任。

汉语的基本语序是：

定语＋主语＋状语＋动语＋补语＋定语＋宾语

2. 四种谓语句

汉语的主谓句，按照谓语性质的不同，可以分成四类：动词谓语句、形容词谓语句、名词谓语句、主谓谓语句。

（1）动词谓语句是以动词为谓语主要成分的句子，它又有几种不同的类型，即只有动词，没有其他成分的；带状语的；带单宾语的；带双宾语的；带补语的。具体例子见下表。

动词谓语句					
主语	状语	动语	补语	近宾语	远宾语
马大为	刚才	问		我	一个问题。
马大为	刚才	问		我。	
马大为	刚才	问。			
马大为		问。			
马大为	刚才	问	过了。		

（2）形容词谓语句是以形容词为谓语的句子，形容词直接作谓语，中间不需要"是"或其他动词。如：

　　　我很好。

　　　他很忙。

　　　这种东西很贵。

（3）名词谓语句是由名词、代词、数量词、"的"字词组等名词性结构作谓语的句子。名词谓语句一般都很短，修饰成分很少。名词谓语句的用途见下表。

用途	名词谓语句	
	主语	谓语
说明天气、时间、籍贯等	昨天 现在 林娜	阴天。 八点。 英国人。
说明主语某方面的数量特征，如年龄、身高、体重等	他 马大为 体重	十八岁。 一米九。 八十千克。
说明等价关系	一斤苹果 一年	两块钱。 十二个月。
描写主语的特征、属性等	他	黄头发，蓝眼睛。

（4）主谓谓语句是由主谓结构作谓语的句子。我们已经学了一种类型的主谓谓语句，即小主语是大主语的所属部分。在这种句子里，小主语和大主语的关系比较密切，小主语或者是大主语的一部分，或者是大主语的某种属性。

小主语是大主语的部分：

> 我头疼。
>
> 他身体很好。
>
> 中国地域辽阔，人口众多。

小主语是大主语的属性：

> 马大为身高一米九，体重八十千克。
>
> 丁力波学习很好。
>
> 这里气候不太好。

3. 疑问句

汉语的疑问句共有四类六种：是非问句、特指问句、正反问句、选择问句。分类及例子见下表：

疑问句		
类型	形式	例子
是非问句	陈述句 + 吗？	您是张教授吗？
特指问句	陈述句 + 好吗/对吗/是吗？	您是张教授，是吗？ 你是学生，对吗？ 我们去锻炼，好吗？
特指问句	使用疑问代词	这是什么？ 他是谁？ 你身体怎么样？ 这是哪儿？ 你们学校有多少学生？ 你们家有几口人？
	"名词+呢"的省略形式	人呢？ 词典呢？ 马大为呢？
正反问句	动/形 + 不 + 动/形	你认识不认识他？ 你忙不忙？
选择问句	选择一 + 还是 + 选择二	他是英国人还是美国人？ 我们上午去还是下午去？ 你喝咖啡还是喝茶？

七　教师参考文化知识：中国的节日

　　圣诞节是西方一些国家的重要节日。中国的主要节日有：元旦（一月一日，也叫新年）、春节、清明节、端午节、国庆节（十月一日）和中秋节等。春节是中国的传统节日，也是最重要的节日。

　　近年来，在中国，一些年轻人也流行过圣诞节，他们相互赠送贺卡、鲜花、礼品等，也十分热闹。

八　综合练习题中听力练习的部分参考答案与录音文本

1 听录音并回答听到的问题。

Listen and answer the questions you hear.

录音文本

① 圣诞节是几月几号？

② 圣诞节你和爸爸、妈妈一起吃饭吗？

③ 你常常给你的爸爸、妈妈打电话吗？

④ 你常去旅游吗？

⑤ 你常复习生词和语法吗？

2 听对话并判断正误。

Listen to the following dialogue and decide whether the statements are true (T) or false (F).

① 丁力波的外婆家在中国。　　（ T ）

② 林娜的外婆家在北京。　　（ F ）

③ 他们去丁力波家打球。　　（ F ）

④ 丁力波请大家去吃火鸡。　　（ F ）

录音文本 ///

马大为：圣诞节我们一起唱卡拉OK，怎么样？

林娜：我们去吃火鸡吧。

丁力波：我请你们大家去我家过圣诞节。

林娜：力波，你在中国哪儿有家？

丁力波：我外婆的家在中国，林娜，你别忘了，我妈妈是中国人。

大家：那好！我们就去丁力波家过圣诞节。

3 听录音并填空。

Listen and fill in the blanks.

① 我给你打<u>电话</u>。

② 他们都喜欢<u>中国音乐</u>。

③ 请等<u>一下</u>。

④ 祝你圣诞<u>快乐</u>!

7~14课单元测试（笔试）

Unit Test for Lesson 7 to 14

(Written Exam)

班级（Class）：_____

姓名（Name）：_____

成绩（Score）：_____

一 请把你听到的音节（包括声调）填到横线上。（8%）

Please transcribe what you hear into pinyin *with tone marks.*

（共12题，1—10题每题0.5分，11题1分，12题2分，共计8分）

1 _____ 2 _____ 3 _____ 4 _____ 5 _____

6 _____ 7 _____ 8 _____ 9 _____ 10 _____

11 _____.

12 _____. _____.

_____, _____. _____.

_____.

二 请听两遍下面的对话，并判断下列说法是否正确。（22%）

Listen to the following dialogues twice and decide whether the statements are true (T) or false (F).

（共22题，每题1分，共计22分）

1.（在校园里　On the campus）

① 小王不认识张大华。　　　　　　（　　）

② 小张的名字叫张大华。　　　　　（　　）

③ 张大华不是中国人。　　　　　　（　　）

④ 张大华的妈妈是上海人。　　　　（　　）

⑤ 张大华的爸爸是北京人。　　　　（　　）

⑥ 张大华家有四口人。　　　　　　（　　）

⑦ 小王有一个哥哥。　　　　　　（　　　）

⑧ 张大华有一个弟弟。　　　　　（　　　）

⑨ 张大华的弟弟是记者。　　　　（　　　）

⑩ 张大华的专业是英语。　　　　（　　　）

2.（在商场里　In a department store）

① 王医生不忙。　　　　　　　　（　　　）

② 陈老师很忙。　　　　　　　　（　　　）

③ 陈老师上午有课，下午没有课。（　　　）

④ 陈老师晚上十二点睡觉。　　　（　　　）

⑤ 王医生买了香蕉和苹果。　　　（　　　）

⑥ 明天是王医生朋友小杨的生日。（　　　）

⑦ 陈老师要买圣诞礼物。　　　　（　　　）

⑧ 陈老师不知道要买什么礼物。　（　　　）

⑨ 小杨常喝咖啡。　　　　　　　（　　　）

⑩ 小杨常听音乐。　　　　　　　（　　　）

⑪ 商场里没有光盘。　　　　　　（　　　）

⑫ 王医生不认识小杨。　　　　　（　　　）

三　请听句子，并填空。（20%）

Listen to the following sentences and fill in the blanks.

（共 10 题，每题 2 分，共计 20 分）

① 我是＿＿＿＿＿人，他是＿＿＿＿＿人。

② 祝你＿＿＿＿＿＿＿＿＿！

③ 马大为＿＿＿＿＿＿＿＿＿。

④ 一斤苹果＿＿＿＿钱？

⑤ 林娜＿＿＿＿说一点儿＿＿＿＿＿。

⑥ 今天＿＿＿＿我不能＿＿＿＿＿，你＿＿＿＿＿说一下。

⑦ 他＿＿＿＿了一个记者，他们＿＿＿＿一起＿＿＿＿咖啡。

⑧ 我＿＿＿＿陆小姐＿＿＿＿＿我们。

⑨ 妈妈＿＿＿＿＿＿我＿＿＿＿＿＿你们＿＿＿＿＿＿＿＿。

⑩ 我们＿＿＿＿＿＿有＿＿＿＿＿＿个人，我们是＿＿＿＿＿＿＿＿。

四 请用所给的词和词组组成句子。（10%）

Write sentences with the words or phrases given.

（共 5 题，每题 2 分，共计 10 分）

① 语言　我们　学院　汉语　在　学习

② 课　张　二月　老师　没有　下午　二十八号　二〇〇九年

③ 还是　电影　听　你　看　愿意　音乐　愿意

④ 吃饭　我　晚上　和　你　明天　请　想　你朋友

⑤ 去　点儿　我　邮局　给　刚才　东西　我女朋友　了　寄

五 请用"会、能、可以、应该、要、想、可能"填空。（10%）

Fill in the blanks with "会、能、可以、应该、要、想、可能".

（共 10 处，每处 1 分，共计 10 分）

　　　　星期三丁力波＿＿＿＿＿＿去上海旅行，他＿＿＿＿＿＿请王小云跟他一起去。他给小云打电话，问她＿＿＿＿＿＿去。小云说，她很＿＿＿＿＿＿去，可是（but）她星期三＿＿＿＿＿＿有事儿，不＿＿＿＿＿＿去。力波说："上海很漂亮，也很有意思，你＿＿＿＿＿＿去上海旅行。"小云问："星期五去，好吗？"力波说："星期五去也＿＿＿＿＿＿。我哥哥＿＿＿＿＿＿开车（to drive a car），＿＿＿＿＿＿让他跟我们一起去。"小云很高兴，说："太好了！"

六 判断下列句子语法是否正确。（10%）

Decide whether the following sentences are grammatically correct (√) or wrong (×).

（共 10 题，每题 1 分，共计 10 分）

① 他是不是你们学院的王老师吗？　　　　　　　（　　　）

② 小云有一张她们家的照片。　　　　　　　　　（　　　）

③ 我们学院有二十六个老师，你们学院呢？ （　　）

④ 我们都也喜欢中国音乐。 （　　）

⑤ 这的个苹果多少钱一斤？ （　　）

⑥ 我们二十五号十二月二〇〇九年一起祝贺圣诞，好吗？ （　　）

⑦ 老师，我应该问您一个问题吗？ （　　）

⑧ 我认识了一位漂亮的姑娘，她不能常来我这儿。 （　　）

⑨ 大为，你现在要睡觉还是要看书？ （　　）

⑩ 你住宿舍有几个学生？ （　　）

七 阅读下面的短文，并回答问题。（10%）
Read the following passage and answer the questions.
（共 10 题，每题 1 分，共计 10 分）

　　白小明和史约翰（Shǐ Yuēhàn, John Smith）是好朋友。白小明是加拿大人，史约翰是英国人。白小明在中文系学习汉语，史约翰在美术学院学习美术专业。星期六，史约翰的女朋友得了感冒，她头疼，嗓子也疼，全身都不舒服。史约翰要去看她。他知道她很喜欢中国画（traditional Chinese painting），星期天他想去中国的商场，买中国画送给她。可是（but）他不会说汉语，怎么办呢？史约翰给好朋友白小明打了一个电话，请小明来帮助他。小明的汉语很好，他帮助史约翰买了中国画。史约翰很高兴。

问题　Questions

① 白小明的女朋友是史约翰吗？

② 史约翰是不是加拿大人？

③ 白小明学习什么专业？他在哪儿学习？

④ 史约翰的女朋友什么时候得了感冒？

⑤ 史约翰想送他女朋友什么礼物？

⑥ 史约翰去哪儿买中国画？

⑦ 史约翰会说汉语吗？

⑧ 他请谁来帮助他？

⑨ 白小明的汉语好吗？

⑩ 史约翰买了中国画吗？

八 请写一段短文，描述你的家庭和你的朋友/同学，下列词或词组可作为写作提示。(10%)
Please write a short paragraph describing your family and your friends/classmates.
The following words or phrases can be used.

我们家	有	人	是	做……工作	好朋友
一起	学习	汉语	常常	写汉字	念生词
复习课文	练习口语	语法问题	听音乐	打球	

7~14 课单元测试（笔试）

部分参考答案

Unit Test for Lesson 7 to 14 (Written Exam)

Answers

一　请把你听到的音节（包括声调）填到横线上。（8%）

Please fill in the blanks with correct *pinyin* with correct tone marks.

（共 12 题，1—10 题每题 0.5 分，11 题 1 分，12 题 2 分，共计 8 分）

❶ xiànzài　　❷ míngzi　　❸ dāngrán　　❹ hóngjiǔ　　❺ xiāngjiāo

❻ shuìjiào　　❼ yuànyì　　❽ shūfu　　❾ cèsuǒ　　❿ shēngcí

⓫ Wǒmen dōu shì Yǔyán Xuéyuàn Hànyǔ xì de liúxuéshēng.

⓬ Wǒ rènshi tā. Tā de Zhōngwén míngzi jiào Mǎ Qiáng.

　 Tā jīnnián shíbā suì, Shànghǎi rén. Tāmen jiā yǒu sān kǒu rén.

　 Tā huì shuō yìdiǎnr Yīngyǔ.

二　请听两遍下面的对话，并判断下列说法是否正确。（22%）

Listen to the following dialogues twice and decide whether the statements are true (T) or false (F).

（共 22 题，每题 1 分，共计 22 分）

1.（在校园里　On the campus）

❶ 小王不认识张大华。　　　（ F ）

❷ 小张的名字叫张大华。　　（ T ）

❸ 张大华不是中国人。　　　（ F ）

❹ 张大华的妈妈是上海人。　（ F ）

❺ 张大华的爸爸是北京人。　（ T ）

❻ 张大华家有四口人。　　　（ T ）

❼ 小王有一个哥哥。　　　　（ F ）

❽ 张大华有一个弟弟。　　　（ F ）

130

⑨ 张大华的弟弟是记者。 （ F ）

⑩ 张大华的专业是英语。 （ T ）

录音文本

  A：小王，那是谁？

  B：那是小张。

  A：他叫什么名字？

  B：他叫张大华。

  A：他是不是中国人？

  B：是。他是北京人。他爸爸、妈妈也都是北京人。

  A：他们家有几口人？

  B：四口人。他还有一个哥哥。

  A：他哥哥做什么工作？

  B：他是记者。

  A：小张学习什么专业？

  B：英语。他是英语系的学生。

2.（在商场里　In a department store）

  ① 王医生不忙。 （ F ）

  ② 陈老师很忙。 （ T ）

  ③ 陈老师上午有课，下午没有课。 （ F ）

  ④ 陈老师晚上十二点睡觉。 （ T ）

  ⑤ 王医生买了香蕉和苹果。 （ T ）

  ⑥ 明天是王医生朋友小杨的生日。 （ F ）

  ⑦ 陈老师要买圣诞礼物。 （ F ）

  ⑧ 陈老师不知道要买什么礼物。 （ T ）

  ⑨ 小杨常喝咖啡。 （ F ）

  ⑩ 小杨常听音乐。 （ T ）

  ⑪ 商场里没有光盘。 （ F ）

  ⑫ 王医生不认识小杨。 （ F ）

录音文本 ///

王医生：陈老师，你好。

陈老师：你好，王医生。你怎么样？忙不忙？

王医生：我很忙。你呢？

陈老师：也忙。我上午、下午都有课，晚上十二点睡觉。

王医生：你真忙。你应该多休息。

陈老师：是啊。你在这儿买什么？

王医生：我买了一点儿苹果和香蕉。你呢？

陈老师：明天是我好朋友小杨的生日，我要给他买一件生日礼物。

王医生：你想买什么？

陈老师：不知道。你说我应该怎么办？

王医生：他常看电影吗？

陈老师：不，他不常看电影。

王医生：他常喝咖啡吗？

陈老师：他也不常喝咖啡。

王医生：他常听音乐吗？

陈老师：对，他常常听音乐。

王医生：你可以给他买几张音乐光盘。

陈老师：太好了。这儿有没有光盘？

王医生：有，在那儿买。

陈老师：谢谢你，王医生。

王医生：不用谢。问小杨好。祝他生日快乐。

陈老师：好。

三 请听句子，并填空。（20%）

Listen to the following sentences and fill in the blanks.

（共 10 题，每题 2 分，共计 20 分）

❶ 我是<u>中国</u>人，他是<u>加拿大</u>人。

❷ 祝你<u>生日快乐</u>！

❸ 马大为<u>买本子</u>。

❹ 一斤苹果<u>多少钱</u>？

132

⑤ 林娜<u>会</u>说一点儿汉语。

⑥ 今天<u>下午</u>我不能<u>去上课</u>，你跟老师<u>说</u>一下。

⑦ 他<u>认识</u>了一个记者，他们<u>常常</u>一起<u>喝</u>咖啡。

⑧ 我想请陆小姐<u>帮助</u>我们。

⑨ 妈妈<u>让</u>我<u>问</u>你们好。

⑩ 我们<u>宿舍</u>有<u>两</u>个人，我们是<u>好朋友</u>。

四 请用所给的词和词组组成句子。（10%）

Write sentences with the words or phrases given.

（共5题，每题2分，共计10分）

① 我们在语言学院学习汉语。

② 张老师二〇〇九年二月二十八号下午没有课。

③ 你愿意看电影还是愿意听音乐？/你愿意听音乐还是愿意看电影？

④ 明天晚上我想请你和你朋友吃饭。

⑤ 我刚才去邮局给我女朋友寄了点儿东西。

五 请用"会、能、可以、应该、要、想、可能"填空。（10%）

Fill in the blanks with "会、能、可以、应该、要、想、可能".

（共10处，每处1分，共计10分）

　　星期三丁力波<u>要</u>去上海旅行，他<u>想</u>请王小云跟他一起去。他给小云打电话，问她<u>想不想/能不能</u>去。小云说，她很<u>想</u>去，可是（but）她星期三<u>可能</u>有事儿，不<u>能</u>去。力波说："上海很漂亮，也很有意思，你<u>应该</u>去上海旅行。"小云问："星期五去，好吗？"力波说："星期五去也<u>可以</u>。我哥哥<u>会</u>开车（to drive a car），<u>可以</u>让他跟我们一起去。"小云很高兴，说："太好了！"

六 判断下列句子语法是否正确。（10%）

Decide whether the following sentences are grammatically correct (√) or wrong (×).

（共10题，每题1分，共计10分）

① 他是不是你们学院的王老师吗？　　　　　　　（ × ）

② 小云有一张她们家的照片。　　　　　　　　　（ √ ）

③ 我们学院有二十六个老师，你们学院呢？ （ ✓ ）

④ 我们都也喜欢中国音乐。 （ ✕ ）

⑤ 这的个苹果多少钱一斤？ （ ✕ ）

⑥ 我们二十五号十二月二○○九年一起祝贺圣诞，好吗？ （ ✕ ）

⑦ 老师，我应该问您一个问题吗？ （ ✕ ）

⑧ 我认识了一位漂亮的姑娘，她不能常来我这儿。 （ ✓ ）

⑨ 大为，你现在要睡觉还是要看书？ （ ✓ ）

⑩ 你住宿舍有几个学生？ （ ✕ ）

七 阅读下面的短文，并回答问题。（10%）

Read the following passage and answer the questions.

（共 10 题，每题 1 分，共计 10 分）

问题　Questions

① 不是，史约翰是白小明的好朋友。

② 不是，他是英国人。

③ 他学习汉语专业，他在中文系学习。

④ 星期六。

⑤ 他想送女朋友中国画。

⑥ 去中国人的商场。

⑦ 不会说汉语。

⑧ 他请白小明来帮助他。

⑨ 很好。

⑩ 史约翰买了中国画。

八 请写一段短文，描述你的家庭和你的朋友/同学，下列词或词组可作为写作提示。（10%）

Please write a short paragraph describing your family and your friends/classmates. The following words or phrases can be used.

（做此题有一定的灵活性，故略去参考答案。）

7~14 课单元测试（口试）

Unit Test for Lesson 7 to 14

(Oral Exam)

注：此单元测试也可在学生之间相互进行。

一 请回答下列问题。（60%）

Please answer the following questions.

（共 12 题，每题 5 分，共计 60 分）

说明：教师在以下内容中选取12个问题向学生提问（口语测试应每个学生依次进行，并对测试情况进行录音，以便整理和分析），根据学生口头回答的语言表现给出综合评定，包括语音表现与词汇和语法的准确性，具体比例如下：语音表现30%，词汇的准确性30%，语法的准确性40%。

问题 Questions

① 你学习什么专业？

② 你认识不认识……（某同学/老师的名字）？

③ 你们家有几口人？

④ 你有没有男/女朋友？

⑤ 今天星期几？

⑥ 明天几月几号？

⑦ 你今年多大？

⑧ 你星期五上午有没有课？

⑨ 这个用汉语怎么说？（用手指书或本子）

⑩ 现在几点？

⑪ 你每天几点上课/下课/吃饭/学习/睡觉？

⑫ 你想去打球还是想去看电影？

⑬ 你会说汉语吗？

⑭ 你住的宿舍有几个人？

二 成段表达。（40%）

Oral expression.

说明：学生在以下内容中抽取一个题目（也可以让学生抽取两个题目，从中选取一个做成段表达），准备5至10分钟后进行口头表述，教师根据学生口头的语言表现给出综合评定，包括语音表现与词汇和语法的准确性，具体比例如下：语音表现30%，词汇的准确性30%，语法的准确性40%。

主题　Questions：

1 说说你自己。

Please describe yourself.

2 说说你们学校。

Please describe your school.

3 谈谈你的专业。

Please describe your major.

4 描述你的一个朋友。

Please describe one of your friends.

5 描述你的一次有趣的经历，如购物、看病、寄包裹、寄信等。

Please describe one of your interesting experiences, such as shopping, seeing a doctor, mailing a parcel or letter, etc.

6 描述一下你的一天。

Please describe one day in your life.

附录

《新实用汉语课本》（英语版）课本综合练习题使用说明

《新实用汉语课本》（英语版）包括课本（Textbook）和教师用书（Instructor's Maual），以满足师生课上课下的不同需求。其中，课本里的综合练习题主要供学习者课下练习使用，设有语音、词汇、语法的练习，以及听、说、读、写、译全面的技能训练和交际训练。

《新实用汉语课本》（英语版）课本综合练习题设计原则

1. 平衡原则

听、说、读、写、译几方面均衡发展，平衡设计。

2. 弹性原则

（1）题量适度加大，便于教师选择。

（2）练习设计尽量体现出由易到难的坡度性，容易的安排在前面，较难的安排在后面。如教学时间有富余或学生学有余力，则可在完成前面容易的练习后，再选择完成后面较难的练习。

3. 语音贯穿性原则

综合练习题实行语音贯穿性原则。前六课为语音阶段，在听、说练习部分设计多项语音练习，供学习者课上或课下集中练习本课的语音重点与难点。7~14课在听、说练习部分设计了"语音与语音练习"板块，该板块为语音阶段后语音教学和语音训练的延伸，以练习本课新出现的语音内容，并复习巩固前面语音阶段的语音重点与难点。

《新实用汉语课本》（英语版）课本综合练习题的设计

以下介绍课本综合练习题的设计、示例及设计思想，以便老师们能够更为方便有效地指导学生使用。当然，并非每课均包括以下所有练习类型，但设计时保证了听、说、读、写、译等多方面技能与交际训练的均衡性。

1~6 课语音阶段练习设计

1　听录音，圈出正确的语音。

Circle the right sound according to what you hear on the CD.

例：a　u　e　o　(u)

说明：此项练习包括声母的辨别、韵母的辨别、声韵组合的辨别三部分，注意难音、重点音的辨别，如送气与否、舌尖前中后音、前后鼻音等。

2 听录音，圈出正确的声调。

Circle the right tone according to what you hear on the CD.

例：āi   ái   ǎi   ài   (ǎi)

说明：此项练习包括韵母的四声辨别、声韵组合的四声辨别两部分。

3 听录音，为下列音节标出正确的声调。

Mark the right tones on the following syllables according to what you hear on the CD.

例：gai   (gǎi)

说明：此项练习主要针对声韵组合的四声辨别与标注，包括单音节、双音节或多音节的声调标注。

4 圈出轻声，注意每一组里可能有不止一个轻声。

Circle the neutral tone. Note that in each group, the neutral tone may appear more than once.

例：A. ni hao   (B. mama)   C. Ding Libo   (D. ni ne)

说明：此项练习根据当课内容有所变换，如变换为练习三声变调、"一、不"的变调等。

5 听对话并完成练习。

Listen to the dialogues and do the exercises.

① Repeat the dialogues.

② Answer the questions.

What are they doing? _____

How is the man in the first dialogue? _____

Does Lin Na know Libo in the second dialogue? _____

How is Lao Li doing in the third dialogue?_____

录音文本

（A：女，B：男）

① A：你好吗？

B：我很好，你呢？

138

② 林娜：力波，你好！
　　力波：你好，林娜。

③ A：老李，你好吗？
　　B：我很好，你呢？
　　A：我也很好。

说明：此项练习除了模仿对话、回答问题以外，有时也设计为其他形式的听力理
　　　解题，如多项选择、判断正误等形式。

6 选择正确的汉字填空。

Fill in the blanks with the correct characters.

例：林娜不 **B** 宿舍。
　　A.再　　B.在　　C.坐

7 用"……"填空。

Fill in the blanks with "……".

例：用"吗"或"呢"填空。Fill in the blanks with "吗，呢".
　　你好_____? （吗）
　　我很忙，你_____? （呢）

说明：此项练习结合语法或注释点设计，既练汉字，又练本课主要语法点。备选
　　　项可以是词也可以是词组，还可以不提供备选项。

8 用所给词造句。

Write sentences with the words given.

例：宿舍　　我　　在　　（我在宿舍。）

说明：此项练习主要练语序。

9 连接 I 和 II 两部分的词或词组，组成句子。

Make sentences by matching the words from part I with those from part II. Draw
lines to connect them.

例：　　　　　　I　　　　　　　　　　　II

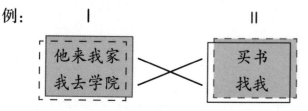

他来我家
我去学院

买书
找我

说明：此项练习可以是词组连接成句子，也可以是连接问与答，还可以是词与词连接成词组。

10　把下列句子翻译成汉语。

Translate the following sentences into Chinese.

例：I'm British.　（我是英国人。）

说明：此项练习也可提供汉语提示词或词组。

7~14 课练习设计

1　听问题，选出正确的回答。

Listen to each question and circle the correct answer.

例：

　　你认识马大为吗？

　　A. 我介绍　　B. 认识　　C. 在那儿　　D. 学生

说明：此项也有其他形式的听力理解题，如回答问题等。

2　听对话并判断正误。

Listen to the following dialogue and decide whether the statements are true (T) or false (F).

例：① 她很忙。　（　F　）

　　② 他不忙。　（　T　）

　　（A: 女，B: 男）

　　A：你好吗？

　　B：我很好。你忙吗？

　　A：我不忙，你呢？

　　B：我很忙。

说明：此项也有其他形式的听力理解题，如多项选择、回答问题等。

3　听录音并填空。

Listen and fill in the blanks.

例：你学习汉语吗？

说明：这是一种填写汉字的练习，开始是一个句子，以后可逐渐变为短小的语段。

4 选择正确的汉字填空。

Fill in the blanks with the correct characters.

例：林娜不 **B** 宿舍。

　　A. 再　　　B. 在　　　C. 坐

5 完成下列对话。

Complete the following dialogues.

例：A：他是谁?

　　B：他是张教授。

6 连接Ⅰ和Ⅱ两部分的词或词组，组成句子。

Make sentences by matching the words from part I with those from part II. Draw lines to connect them.

例：　　　Ⅰ　　　　　　　　Ⅱ

说明：此项练习可以是词组连接成句子，也可以是连接问与答，还可以是词与词
　　　连接成词组。

7 把下列陈述句变成疑问句。

Change the following statements into questions.

例：我是学生。　→　你是学生吗?

说明：此项练习是句型变换练习，也可反过来，将疑问句变为陈述句。

8 用所给词造句。

Make sentences with the words given.

例：认识　（我认识小王。）

说明：此项练习也可以指定造哪一类句子，如一般疑问句、兼语句、正反疑问
　　　句等。

9 根据本课课文判断正误。

Decide whether the following statements are true (T) or false (F) according to the text of this lesson.

例：林娜后天开学。　　　　　　（　　　）

说明：此项练习结合本课的"课文"和"阅读和复述"进行，让学生判断正误。

10 选择正确答案。

Choose the correct answers.

例：你在 _A_ 工作？

　　A. 哪儿　　　B. 我　　　C. 医生　　　D. 谁

说明：此项练习主要语法点与注释项目。

11 判断下列句子语法是否正确。

Decide whether the following sentences are grammatically correct (√) or wrong (×).

例：他很忙。　　　（√）

说明：此项练习主要语法点与注释项目。

12 朗读对话并回答问题。

Read the dialogue and answer the questions.

例：　林娜：我们现在去游泳，好吗？

　　王小云：对不起，我现在很忙，没有时间去。

　　　林娜：明天你有时间吗？

　　王小云：明天我去看京剧，也不行。

问题　Questions

　　(1)　王小云忙吗？

　　(2)　王小云现在有时间去游泳吗？

　　(3)　王小云明天做什么？

说明：每篇短文或对话都配上多项选择、正误判断或问答题。